パーソナルカラリスト検定
3級問題集

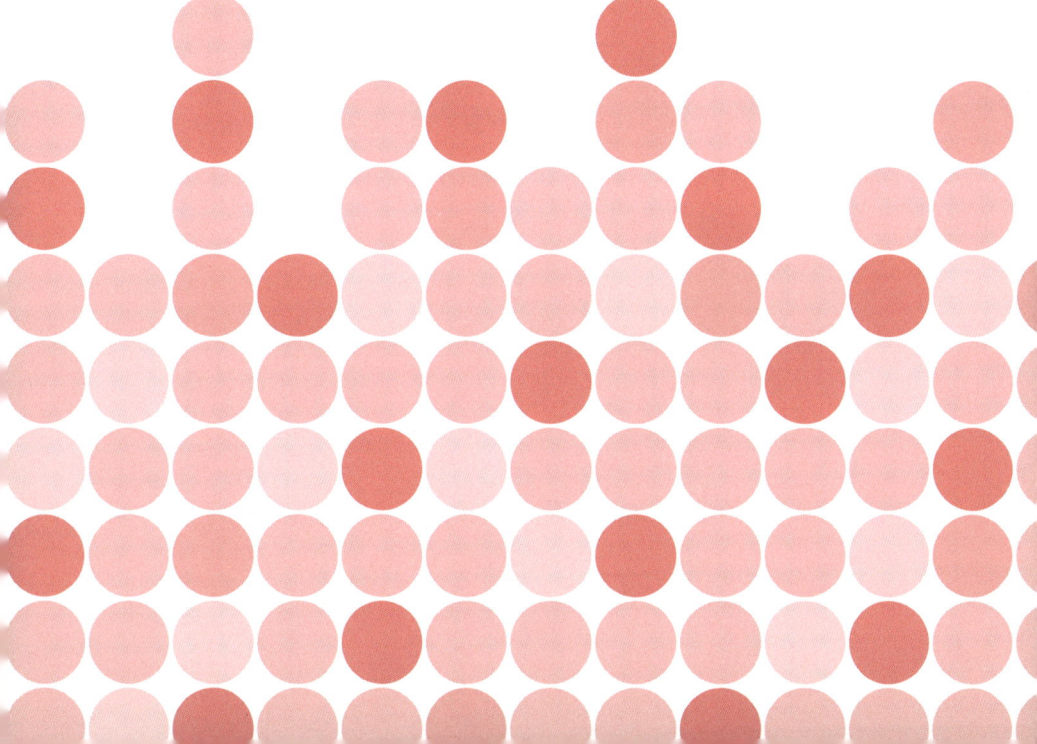

はじめに

「色彩の知識」が物や空間のデザインに必要不可欠であることは、さまざまな業界で共通の認識となりました。デザインのみならず、販売や流通過程でも色のもたらす心理的効果はおおいに活用できます。

パーソナルカラリスト検定は「人と色」の検定です。
私たち自身が身につける物の「色」も、私たち自身の「似合う色」という視点で選ぶことが重要です。物の配色にセオリーがあるように、人の似合う色にも色彩理論にもとづく選択や分類方法があります。
ファッションや着物、メガネやアクセサリー、ヘアカラー、ネイルなどの美容に関わる分野、また、ブライダルやインテリアに携わる業界ではこの「パーソナルカラー」を理解した上での色提案、色選びが必要不可欠となります。

CUS®（カラーアンダートーンシステム）による「パーソナルカラリスト検定」は、アンダートーンという色の分類が基本となります。この考え方は、ファッションや美容、ブライダルなど人が主役となる業界を目指す方だけでなく、インテリアなどの空間デザインや物のデザインに携わる方にも応用できる配色の考え方です。「パーソナルカラリスト検定」の学習を通し、アンダートーンにもとづく配色調和や色彩の基本的な知識を身につけることを目的に、日本カラリスト協会の許諾を得て、この問題集を作成しました。

本書の使い方

本書は「パーソナルカラリスト検定3級」対策の問題集です
- 日本カラリスト協会が主催するパーソナルカラリスト検定3級対策のための問題・模擬試験・解答解説で構成されています。
- パーソナルカラリスト検定3級公式テキストに準拠し、1章から4章別に問題を分かりやすくまとめています。

3級公式テキストの項目による出題形式です

- 出題形式は実際の検定問題を想定したものを含め、いくつかの出題形式を採用しています。重要な項目は繰り返し出題し、内容が良く把握できるようになっています。
- 3級公式テキストで各章の学習を進めてから、該当する章の問題に取り組むことで、より理解が深まります。

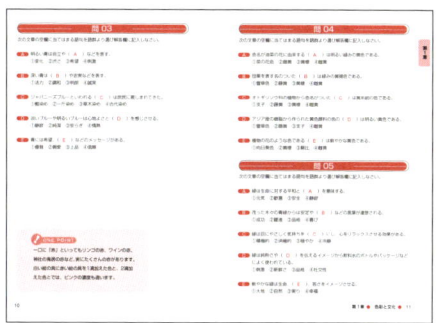

試験を受ける感覚で挑戦し、実力をつけましょう

- 本書の後半にある「解答用紙」はキリトリ線に沿ってカットし、解答用紙に答えを記入します。答え合わせをした後は各章ごとに内容を整理して理解することが大切です。

答え合わせでは解説も参考にしましょう

- 模擬問題には解説がついています。問題を解くポイントや学習方法にもふれていますので、正解した問題であっても解説に目を通して内容を確認しましょう。

模擬試験は2回チャレンジできます

- 問題を解き終わったら、模擬試験に挑戦してください。模擬試験は100点満点です。
- 3級の模擬試験は90分が目安です。時間配分にも注意して取り組み、合格力の判定に活用してください。

パーソナルカラリスト検定について

日本カラリスト協会の主催で実施されている「人と色」に関する検定試験です。全国で試験が実施されています。

● 後 援
　　　公益社団法人　日本ブライダル文化振興協会
　　　公益社団法人　日本鉄道広告協会
　　　一般社団法人　日本色彩環境福祉協会
　　　一般社団法人　日本ショッピングセンター協会
　　　一般社団法人　日本フローラルマーケティング協会
　　　一般社団法人　日本ホビー協会
　　　NPO法人　FBO 料飲専門家団体連合会

● 受験資格
　　　年齢、学歴、性別、経験などに制限はありません。
　　　2級からの受験、2級、3級併願受験も可能です。
　　　1級の受験は、2級取得者に限られます。

● 受験料(税込)
　　　3級　　7,700円
　　　2級　 11,000円

● 試験時間
　　　3級　09:50～（70分）
　　　2級　12:00～（80分）

● 出題方法
　　　3級　筆記試験（マークシート方式）
　　　2級　筆記試験（マークシート方式）

● 3 級 出 題 範 囲
3級「パーソナルカラリスト検定3級公式テキスト」より

第1章　色彩と文化
・四季の自然を表す色　　・日本の色の歴史
・色と生活　　　　　　　・色の種類

第2章　色彩理論
・色のしくみ　　　　　　・CUS® 表色系
・色の三属性と対比現象　・色の感情効果
・CUS® 配色効果

第3章　色彩とファッション
・ファッション概論　　　・ブライダルと色彩

第4章　パーソナルカラー
・パーソナルカラー　　　・パーソナルカラーの特徴

詳細については、日本カラリスト協会にお問合せください。

● 主 催 団 体 ● 一般社団法人日本カラリスト協会

〒150-0001　渋谷区神宮前6-25-8-609
フリーダイヤル ● 0120-116-904
Tel ● 03-3406-8708／Fax ● 03-3406-9190
URL ● http//www.personal-colorist.org
E-mail ● info@personal-colorist.org

CONTENTS

- 2 はじめに
- 3 本書の使い方
- 4 パーソナルカラリスト検定インフォメーション

- 7 第1章 ● 色彩と文化
- 33 第2章 ● 色彩理論
- 95 第3章 ● 色彩とファッション
- 113 第4章 ● パーソナルカラー

解答解説
- 136 第1章 ● 色彩と文化
- 144 第2章 ● 色彩理論
- 160 第3章 ● 色彩とファッション
- 165 第4章 ● パーソナルカラー

模擬試験
- 172 第1回
- 186 第2回

解答解説（模擬試験）
- 202 第1回
- 204 第2回

- 207 解答用紙

第 1 章

色彩と文化

四季の自然を表す色
日本の色の歴史
色と生活
色の種類

PERSONAL COLOR

問01

次の文章の空欄に当てはまる語句を語群より選び解答欄に記入しなさい。

情熱やダイナミックな力を感じさせる（ A ）は祭りの色としても使われてきた。この色は、（ B ）がより高いので消化器や広告などに用いられている。また、（ C ）に働き興奮を高める働きがある。さらにこの色に（ D ）の色を混ぜると（ E ）っぽくなり、色のイメージが変わる。
一方、（ F ）の色は、平和や（ G ）を表し、（ H ）に働き、気分を安定させる。

A ①黄　②緑　③赤　④青

B ①興奮性　②誘目性　③心的影響　④視認性

C ①脈拍　②副交感神経　③血圧　④交感神経

D ①白　②黄　③黒　④青

E ①茶色　②灰色　③緑色　④黄緑色

F ①青系統　②茶系統　③黄系統　④紫系統

G ①冷静　②高貴　③活気　④威厳

H ①脈拍　②副交感神経　③血圧　④交感神経

問 02

次の記述のうち、正しいものを1つ選んで解答欄に記入しなさい。

A
①白緑は、白っぽい緑色の中でも黄緑よりの緑である。
②鉄色は、江戸時代に流行した藍染めのひとつである。
③江戸紫は、紫草の根で染められた青みの強い紫である。
④桔梗色は、襲色目にも使われた鈍い青紫である。

B
①砥粉色は、刃物をとく砥石からでる粉末のような鮮やかな黄色である。
②刈安色は、刈安を細かく切ってそれを煎じた汁を染料とした橙系の色である。
③新橋色は、明治末から大正にかけて東京・新橋の芸者の間で流行した鮮やかな黄緑色である。
④鬱金色は、鬱金草の根茎を染料とした鮮やかな黄色である。

C
①弁柄色はベンガル地方の土の色が色名の由来となっている黄系の色である。
②薄紅は紅染めのうすい色で「山家集」や「太平記」にも記載されている。
③萌葱色は常緑樹の深い緑からできた色名である。
④黄丹は皇太子の礼服の色とされた禁色で、鮮やかな黄緑色をしている。

> **! ONE POINT**
>
> 長い歴史の中で生まれた日本の伝統色名は、身近な動物名や植物名から採ったもの、染料をそのまま色名にしたもの、その時代の文化とともに生まれてきたものなど、さまざまです。色名で季節が感じられるのも、豊かな自然に恵まれた日本ならではの文化です。

問 03

次の文章の空欄に当てはまる語句を語群より選び解答欄に記入しなさい。

A 明るい青は自立や（ A ）などを表す。
　①変化　②渋さ　③希望　④刺激

B 深い青は（ B ）や忠実などを表す。
　①活力　②調和　③明朗　④誠実

C ジャパニーズブルーといわれる（ C ）は庶民に親しまれてきた。
　①藍染め　②一斤染め　③草木染め　④古代染め

D 淡いブルーや明るいブルーは心地よさと（ D ）を感じさせる。
　①静寂　②純潔　③安らぎ　④情熱

E 青には希望、（ E ）などのメッセージがある。
　①優雅　②親愛　③上品　④信頼

ONE POINT

一口に「赤」といってもリンゴの赤、ワインの赤、神社の鳥居の赤など、実にたくさんの赤があります。白い絵の具に赤い絵の具を1滴加えた色と、2滴加えた色とでは、ピンクの濃度も違います。

問 04

次の文章の空欄に当てはまる語句を語群より選び解答欄に記入しなさい。

A 色名が油菜の花に由来する（ A ）は明るい緑みの黄色である。
①菜の花色　②藤黄　③黄橙　④雌黄

B 団栗を表す名のついた（ B ）は緑みの黄褐色である。
①萱草色　②藤黄　③黄橙　④雌黄

C オトギリソウ科の植物から色名がついた（ C ）は黄系統の色である。
①支子　②藤黄　③黄橙　④雌黄

D アジア産の樹脂から作られた黄色顔料の色の（ D ）は明るい黄色である。
①萱草色　②藤黄　③支子　④雌黄

E 植物の花のような色である（ E ）は鮮やかな黄色である。
①向日葵色　②黄橙　③蘇比　④雌黄

問 05

次の文章の空欄に当てはまる語句を語群より選び解答欄に記入しなさい。

A 緑は生命に対する平和と（ A ）を意味する。
①元気　②歓喜　③安全　④静寂

B 茂った木々の青緑からは安定や（ B ）などの言葉が連想される。
①成功　②躍進　③品格　④喜び

C 緑は目にやさしく気持ちを（ C ）にし、心をリラックスさせる効果がある。
①積極的　②消極的　③穏やか　④冷静

D 緑は純粋さや（ D ）を伝えるイメージから飲料水のボトルやパッケージなどに良く使われている。
①刺激　②新鮮さ　③品格　④社交性

E 鮮やかな緑は生命、（ E ）、若さをイメージさせる。
①大地　②自然　③実り　④幸福

問 06

次の記述のうち正しいものには①、誤ったものには②をそれぞれ解答欄に記入しなさい。

A 優しさのあるライトグレーや重みを感じるダークグレーなどグレーには幅広い色合いがあるので、上手に使い分けるとセンスの良いコーディネートが楽しめる。

B 室町時代には禅の思想を「わび・さび」で表し、粋な色として「四十八茶百鼠」の言葉にあるように茶色や鼠色が大流行した。

C 十八世紀頃に中国で作られた磁器の白地に緑の文様は、西欧の貴族に東洋の神秘を伝える色として珍重された。

D ゴッホの代表作の「ひまわり」は、明るいイメージを持つ黄色が使われているがこれは、彼が未来への希望を持っていた頃に描かれた作品である。

E 日本の伝統色の蘇芳色は、赤系の色で飛鳥・奈良時代から存在し、木の樹皮を煎じて作られた染料である。

F 日本の伝統色の新橋色は、緑系の色で明治末から大正にかけて東京・新橋の芸者の間で流行した鮮やかな色である。

❗ ONE POINT

鼠色も灰色も「グレー」です。しかし、鼠色は青みがかったグレー、灰色は黄みがかったグレーの印象があります。「四十八茶百鼠」が流行した江戸時代では火事が多発したので、火事を連想する「灰」が嫌われ、そのため「鼠」が使われたという説があります。

問 07

次の記述の答えとして最も適切なものを選び解答欄に記入しなさい。

A 金盞花の花のような明るい黄橙色
　①蘇比　②蒲色　③萱草色　④鉛丹色

B 桃の果肉のような淡い黄橙色
　①ディープピーチ　②アプリコット　③ピーチ　④ライトオレンジ

C 黄みの強い鮮やかな黄色
　①レモンイエロー　②ライトクリアゴールド
　③ゴールド　④ブライトゴールデンイエロー

D からし菜のような、くすんだ黄色
　①ライトレモンイエロー　②マスタード
　③シャルトルーズ　④イエローグリーン

E らくだの毛色のような渋い黄色
　①キャメル　②玉子色　③テラコッタ　④蘇比

! ONE POINT

「菜の花色」は、明るい緑みの黄色です。菜の花は油菜の花のことで、油を採るようになった江戸時代から栽培が広まりました。蕾を鍋に入れてゆっくりと煮出して色素を抽出し、鮮やかな黄色の染料にします。

問 08

次の文章の空欄に当てはまる語句を語群より選び解答欄に記入しなさい。

A 日本では、紫は（　A　）で一番位の高い色だった。
①冠位十二制　②冠位十二階　③冠位十二級　④冠位十二説

B 紫の中でも青紫は、高貴や（　B　）をイメージさせる。
①繊細さ　②神秘性　③歓喜　④冷静

C 紫の中でも赤紫は（　C　）をイメージさせる。
①信頼　②繊細　③躍動　④華やかさ

D 紫は情熱の赤と孤独を感じさせる（　D　）からできている。
①青　②緑　③青紫　④青緑

E 紫は（　E　）な色であるので、配色には注意が必要である。
①忠誠的　②個性的　③野性的　④内向的

F エレガントで優雅なイメージを持つ紫色は（　F　）である。
①薄い紫　②濃い紫　③赤みの紫　④青みの紫

! ONE POINT

紫色の色名「二藍」は紅花と藍で染められる色です。紅花は中国の呉から伝えられました。当時染料は総称して「藍」と呼ばれていたので、紅花は「呉藍」といい、藍と呉藍の二種類の染料から染まる紫色を「二藍」と呼ぶようになったのです。

問 09

次の記述の答えとして最も適切なものを選び解答欄に記入しなさい。

A 明治末から大正にかけて流行した鮮やかな緑みの青
　①鉄色　②千歳緑　③納戸色　④新橋色

B 紫草の根で染められた青みの強い紫
　①蘇芳色　②江戸紫　③鉄色　④茄子紺

C 古来より皇太子の礼服の色として使われる鮮やかな赤橙
　①萌葱色　②薄紅　③柑子色　④黄丹

D 紅花で染めた淡く柔らかい感じのピンク
　①薄紅　②一斤染　③弁柄色　④蘇芳色

E 草を細かく切り、それを煎じた汁を染料とした鮮やかな黄色
　①黄丹　②刈安色　③鬱金色　④柑子色

問 10

次の記述の答えとして最も適切なものを選び解答欄に記入しなさい。

A 純白と呼ばれる色
　①ソフトホワイト　②ピュアホワイト　③オイスターホワイト　④バフ

B 威厳や力強さ、都会的雰囲気を感じさせる色
　①灰色　②黒　③紫　④白

C 全ての始まりを象徴する色
　①赤　②青　③白　④黒

問11

次の文章の空欄に当てはまる語句を語群より選び解答欄に記入しなさい。

暗い赤には、赤葡萄酒のような深い色の（ A ）や濃い紫みの赤の（ B ）などがある。また、明るい赤には、すいかの実の色の（ C ）や鮮やかな朱赤の（ D ）、明るい朱赤の（ E ）などがある。他にも紅花で染められた冴えた紫みの赤の（ F ）、草の根を染料にした濃い赤の（ G ）、伝説上の動物の血の色といわれる朱赤の（ H ）などがある。これらの赤系の色からは歓喜、生命力、情熱などを感じる。また、鈍い紅赤色の（ I ）、鉄さびの色の（ J ）やコチニールという虫から採った色料の臙脂色など、色調が変化すると色のイメージも変わる。

- **A** ①バーガンディ ②トゥルーレッド
  ③オレンジレッド ④ウォーターメロン

- **B** ①真朱 ②臙脂色 ③小豆色 ④ダークトマトレッド

- **C** ①バーガンディ ②ブルーレッド
  ③オレンジレッド ④ウォーターメロン

- **D** ①クリアブライトレッド ②ブルーレッド
  ③オレンジレッド ④ブライトバーガンディ

- **E** ①クリアブライトレッド ②ブルーレッド
  ③トゥルーレッド ④バーガンディ

- **F** ①ラスト ②小豆色 ③臙脂色 ④韓紅花

- **G** ①猩々緋 ②韓紅花 ③茜色 ④臙脂色

- **H** ①茜色 ②猩々緋 ③韓紅花 ④臙脂色

- **I** ①緋色 ②小豆色 ③韓紅花 ④猩々緋

- **J** ①ラスト ②臙脂色 ③小豆色 ④バーガンディ

問 12

次の文章の空欄に当てはまる語句を語群より選び解答欄に記入しなさい。

A 牡蠣の肉の色の（　A　）は、わずかに黄みのある白である。
①胡粉色　②生成色　③オイスターホワイト　④バフ

B 真っ黒を意味する（　B　）は、漆を塗ったようなつやのある色である。
①消炭色　②漆黒　③鉛色　④鈍色

C 山羊や牡牛などのなめした皮に由来する（　C　）は、黄みの白をしている。
①アイボリー　②胡粉色　③バフ　④生成色

D 牡蠣の殻を顔料とし、その顔料から作られる（　D　）は、やや黄みの白である。
①生成色　②胡粉色　③オイスターホワイト　④バフ

E 自然そのものの糸や生地の色に由来する（　E　）は、黄みの白である。
①生成色　②アイボリー　③卯の花色　④ソフトホワイト

> **ONE POINT**
>
> ひと口に白といっても、氷色、真珠色、乳白色、鉛白、白練、スノーホワイトなどたくさんの色名があります。細かい色の違いを表現するのも日本の文化の深さです。

問 13

次の記述のうち正しいものには①、誤ったものには②をそれぞれ解答欄に記入しなさい。

A 603年に制定された冠位十二階では、徳を最上位にして紫、礼は青、仁は赤、信は黄、智は白、義は黒とし、それぞれを大小で分け、各位の色の濃淡で階級の違いを表している。

B 783年に出された「禁色の制」では、黄櫨染、黄丹、蘇芳、紫、支子色などが禁色だったが、それらの淡い色は聴色として使用が許可された。

C 室町文化の特徴は「わび、さび」にあるといえる。この時代に活躍した茶人の千利休は利休鼠と呼ばれる青みをおびた鼠色など低明度、低彩度の色を好んだ。

D 江戸時代のなかばになると、町人の衣装が経済力にあわせて派手になったため、幕府は「奢侈禁止令」を出し、贅沢をいましめた。

E 江戸時代には派手な染色や高価な織物が制限されたため、青色、灰色などの色が増えた。

F 芝翫茶といわれる色は狂言に使われた色で、歌舞伎の定色幕の黒・萌黄と並んで今も使われている。

G 江戸時代には渋い色調の色が数多く流行したが、これらの色の他にも濃い紫系の青である紺瑠璃などが流行した。

問 14

次の文章の空欄に当てはまる語句を語群より選び解答欄に記入しなさい。

A 赤は、興奮を高めたり（ A ）を促す効果が強い。
①軽快　②呼吸　③決断　④緊張

B 赤は、太陽の色であり（ B ）のシンボルでもある。
①創造力　②想像力　③直感力　④生命力

C 赤系統は、情熱や（ C ）を感じさせる色である。
①誠実　②軽快　③歓喜　④陽気

D 橙系統は、元気や（ D ）を表す色である。
①陽気　②情熱　③自由　④安心

E 黄系統は、楽天的、（ E ）表す色である。
①健康　②明朗　③自由　④安心

問 15

次の記述の答えとして最も適切なものを選び解答欄に記入しなさい。

A 紅花で絹一疋を染めたことから名前がつけられたピンク色
①一斤染　②蘇芳色　③紅梅色　④桜色

B 飛鳥・奈良時代からある色で、樹皮を煎じて作られた染料による鈍い紫みの赤
①蘇芳色　②柑子色　③茜色　④臙脂色

C オランダ人がベンガル地方の赤土を持ってきたことからついた色名
①鉛丹色　②弁柄色　③蘇芳色　④小豆色

D 果物に由来する明るい黄みの橙色
①蒲色　②緋色　③洗柿　④柑子色

E 皇太子の礼服の色で禁色でもある鮮やかな赤橙
①蘇芳色　②黄丹　③緋色　④真朱

問 16

次の記述の答えとして最も適切なものを選び解答欄に記入しなさい。

A 紅花で染められた冴えた紫みの赤
　　①緋色　②韓紅花　③小豆色　④茜色

B 橙系統の焼いた土器のような色
　　①柿色　②鉛丹色　③蒲色　④テラコッタ

C らくだの毛色のような渋い黄色
　　①ブライトゴールデンイエロー　②ゴールド
　　③キャメル　④ライトクリアゴールド

D 翡翠の意をもつ緑色
　　①ライムグリーン　②エメラルドグリーン
　　③フォレストグリーン　④ジェードグリーン

E 鳥の羽毛の色に由来する冴えた黄緑色
　　①鶸色　②苔色　③鶯色　④木賊色

F 藍草で染めた濃い青
　　①二藍　②浅葱色　③水縹　④藍色

G 人類最初の合成染料で青みがかった濃い紫
　　①モーブ　②フクシャ　③マゼンタ　④ロイヤルパープル

H 三原色のひとつで鮮やかな赤紫
　　①フクシャ　②マゼンタ　③オーキッド　④モーブ

I 動物の皮をなめした色に由来する白系統の色名
　　①生成色　②アイボリー　③バフ　④白群

J グレー系統の色をあらわす色名
　　①鈍色　②滅紫　③胡粉色　④水縹

問 17

次の記述のうち正しいものには①、誤ったものには②をそれぞれ解答欄に記入しなさい。

A 私たちは様々な色に囲まれて生活しているが、もののデザインは機能性だけでなく形や色が購買動機を左右する。特に、色は心理に大きな影響を与える。

B 一つひとつの色には、それぞれ感情効果があり、インテリアにおいても、その部屋の目的や機能性に合わせた色彩効果を考える必要がある。

C それぞれの街の色が地域により違うのは、気温による寒暖差、湿度による明度差、日照時間による彩度差、地域固有の土質差などが関係しているからである。

D 家族が集まるリビングは、その家の顔になる大切な空間である。色相、明度、彩度のいずれもコントラストを抑えぎみにし、また、ダイニングは食事が美味しく感じるような配色を心がける。

E 一日の疲れを取り心身ともにリフレッシュするバスルームは、最も色使いを効果的にしたい場である。

! ONE POINT

橙や黄などの暖色系は「食欲の色」と言われています。これは食物に暖色系の色が多いことも関係しているのかもしれません。飲食店の看板では赤などの暖色系が目につきます。

問 18

次の記述の答えとして最も適切なものを選び解答欄に記入しなさい。

- **A** 鳥の羽に由来する暗い黄緑色
  ①鶸色　②鶯色　③木賊色　④若草色

- **B** その茎を思わせる深い緑色
  ①柳色　②木賊色　③抹茶色　④若竹色

- **C** 若緑とも呼ばれる鮮やかな黄緑色
  ①若竹色　②柳色　③若草色　④鶸色

- **D** イギリス海軍の軍服の色にちなんだ色名
  ①ロイヤルブルー　②ネイビーブルー
  ③ティールブルー　④ターコイズ

- **E** 真鴨の羽の色からついた色名
  ①ターコイズ　②パステルアクア
  ③パウダーブルー　④ティールブルー

- **F** 英国王室のオフィシャルカラー
  ①ロイヤルパープル　②ペリウィンクル
  ③トゥルーブルー　④オーキッド

問 19

次の記述のうち正しいものには①、誤ったものには②をそれぞれ解答欄に記入しなさい。

A 赤は生命力のシンボルであり、また祭りの色として、古代には赤く塗られた土偶や土器などが祭礼に使われていた。

B 橙は食品売り場のパッケージや調味料のキャップなどに良く使われる色で「食欲の色」ともいわれている。

C 紫色は権威を象徴する色として、タイや中国などの寺院の装飾にも多用され、皇帝が身につける高貴な色とされていた。

D 黄色と黒の組み合わせは記憶に残りやすいため、危険を知らせる警戒標識や広告などに使われる。

E 緑は古来から永遠に続く生命の象徴とされてきた。また、純粋さや新鮮さを伝える色のイメージがある。

問 20

次の文章の空欄に当てはまる語句を語群より選び解答欄に記入しなさい。

A その根を粉にして染料とした（ A ）は鮮やかな黄色である。
①砥粉色　②鬱金色　③刈安色　④支子

B 白がかった緑青の中でも淡い色は（ B ）である。
①萌葱色　②千歳緑　③白緑　④抹茶色

C 江戸時代に流行した（ C ）は藍染めの暗い緑みの青である。
①納戸色　②千歳緑　③新橋色　④二藍

D 明治末から大正にかけて流行した（ D ）は鮮やかな緑みの青である。
①縹色　②瑠璃色　③新橋色　④納戸

E 楝檀の花が色名の由来となる（ E ）は薄い紫色である。
①桔梗色　②二藍　③江戸紫　④楝色

問 21

次の記述のうち、正しいものを1つ選んで解答欄に記入しなさい。

A
① 赤は信頼性が高い色である。
② 赤は副交感神経に働き興奮を高める。
③ 橙は食欲の色といわれている。
④ 橙に黒が加わると、臙脂色になり色のイメージも変わる。

B
① 黄色は明度が高いため、白と組み合わせ注意を促す道路標識に使われている。
② 黄色は中国では皇帝が身につける高貴な色とされていた。
③ 緑は副交感神経に働き、脈拍や呼吸を落ち着かせる。
④ 緑は心のバランスをとり創造力を刺激する。

C
① 青は生命に対する平和と安全を意味する。
② 青には希望、信頼のメッセージがある。
③ 青は気持ちを穏やかにし、心をリラックスさせる効果がある。
④ 青は奈良時代の日本では冠位の最上位の色だった。

D
① 紫は複雑な心理状態を表す色でもある。
② 紫はタイや中国では神を表わす色である。
③ 紫は情熱を歓喜させる色である。
④ 紫はヨーロッパも日本でも高貴なイメージはない。

E
① 白は光を反射せずに、全ての色を吸収してしまうので保護色的な意味あいがある。
② グレーは色みを持たない調和の色である。
③ グレーは江戸時代には青色とともに粋な色として大流行した。
④ 黒は生命力を表わすシンボル的な色である。

問 22

次の記述の答えとして最も適切なものを選び解答欄に記入しなさい。

A 情緒不安定、嫉妬や憂鬱などの心理状態を表わす色でもあるが、芸術的なものや美へのインスピレーションを高める色でもある。
①青　②緑　③赤　④紫

B 誠実さや確実性、忠誠心や信頼性をイメージさせる。また、地位の安定や品格を表す色でもある。
①紫　②赤　③緑　④青

C 目にやさしく、気持ちを穏やかにし、心をリラックスさせる効果がある色で、自然や若さもイメージさせる。
①青　②緑　③黄　④紫

D 陰陽五行説の中でも、中国の皇帝が身につける高貴な色で、タイや中国の寺院では王や神の権威を表わす色である。
①黄　②紫　③青　④赤

E 愛情を伝え、情熱を喚起するため、ギフト売り場でも多用されている。また、生命力のシンボル的な色でもある。
①黄　②赤　③青　④紫

問 23

次の文章の空欄に当てはまる語句を語群より選び解答欄に記入しなさい。

赤からは情熱、エネルギー、（　A　）などを感じる。（　B　）が高い色のため広告や看板などに多く使われているが、赤系統の色にも（　C　）を感じさせる赤と、（　D　）を感じさせる赤がある。（　C　）を感じる赤は暖色系の色でありながらひんやりとした印象がある。これらを色で表わすと、赤葡萄酒色の（　E　）や、混じりけのない鮮やかな赤の（　F　）などの色になる。また、（　D　）を感じさせる赤には、野菜の実の色の（　G　）や茜で染めた鮮やかな黄みの赤の（　H　）や「まさほ」ともいわれる（　I　）などがある。

A ①調和　②陽気　③明朗　④愛情

B ①誘目性　②識別性　③効率性　④信頼性

C ①紫み　②青み　③黄み　④緑み

D ①紫み　②青み　③黄み　④緑み

E ①ブライトバーガンディ　②ブルーレッド
　　③ウォーターメロン　④クリアブライトレッド

F ①ダークトマトレッド　②ブルーレッド
　　③オレンジレッド　④トゥルーレッド

G ①ダークトマトレッド　②ブルーレッド
　　③オレンジレッド　④トゥルーレッド

H ①韓紅花　②緋色　③小豆色　④臙脂色

I ①真朱　②小豆色　③韓紅花　④臙脂色

問 24

次の文章の空欄に当てはまる語句を語群より選び解答欄に記入しなさい。

A 近松門左衛門の浄瑠璃にも出てくる（　A　）は明るい紫である。
　①藤色　②京紫　③若紫　④牡丹

B 藍に紅花を掛け合わせて染めた（　B　）は、くすんだ紫である。
　①滅紫　②牡丹　③京紫　④二藍

C 古来の古代紫や本紫に近い（　C　）は、やや赤みの紫である。
　①藤色　②滅紫　③若紫　④京紫

D 藍と紅花で染めた（　D　）色は鮮やかな赤紫である。
　①牡丹　②滅紫　③桔梗色　④二藍

E 淡い青紫の（　E　）はその花の色が色名の由来となっている。
　①若紫　②京紫　③藤色　④滅紫

問 25

次の文章の空欄に当てはまる語句を語群より選び解答欄に記入しなさい。

A 黄色と黒の組み合わせは（　A　）が高く記憶に残りやすい。
　①視認性　②心理性　③配色性　④誘目性

B 明るい黄色は（　B　）な雰囲気を作り出す効果がある。
　①社交的　②個性的　③理想的　④神秘的

C 黄色は有彩色の中でも（　C　）が一番高い色である。
　①彩度　②色調　③明度　④色相

D 黄色に黒が混ざると（　D　）色になり、色のイメージも変わる。
　①臙脂　②橙　③小豆　④茶

E 黄色は明るい陽光をイメージし、（　E　）の絵画の「ひまわり」にも使われた。
　①ルノワール　②モネ　③ゴッホ　④セザンヌ

問 26

次の記述の答えとして最も適切なものを選び解答欄に記入しなさい。

A ランの花の名前にもある薄紫色
　　①ラベンダー　②オーキッド　③ペリウィンクル　④フクシャ

B 合成染料から作られる青みがかった濃い紫
　　①モーブ　②マゼンタ　③ペリウィンクル　④オーキッド

C ツルニチニチ草を意味する赤みを帯びた青
　　①ペリウィンクル　②オーキッド　③モーブ　④フクシャ

D 三原色のひとつで鮮やかな赤紫
　　①モーブ　②フクシャ　③マゼンタ　④オーキッド

E 濃い赤紫の花の名が由来となる色
　　①モーブ　②フクシャ　③マゼンタ　④オーキッド

! ONE POINT

「紺屋の白袴」という言葉は、他人のことに忙しくて自分自身に手が回らないことの例えです。江戸時代、藍染を営む紺屋は大繁盛し、忙しくて自分の袴を染める時間がなかったというところからきている言葉です。

問 27

次の文章の空欄に当てはまる語句を語群より選び解答欄に記入しなさい。

A 桜色の明度が低くなった色を（ A ）と呼ぶ。
①灰桜　②桜鼠　③薄桜　④白桜

B 常緑樹の深い緑から名がつけられた（ B ）は暗い深緑色である。
①萌葱色　②白緑　③納戸色　④千歳緑

C 「黄金色」をしている（ C ）は古くからある色名である。
①山吹色　②琥珀色　③向日葵色　④黄橡

D 黄色系で紅葉したイチョウの葉のような（ D ）は代表的な秋の色である。
①黄朽葉　②赤朽葉　③鬱金色　④蘇芳色

E （ E ）はキク科の花の色で、宮中に仕える人の衣服の色としても好まれた。
①紫苑　②菖蒲　③茄子紺　④棟色

問 28

次の文章の空欄に当てはまる語句を語群より選び解答欄に記入しなさい。

A もののデザインは（ A ）のほかに形や色が購買動機を左右する。
①客観性　②主体性　③機能性　④能動性

B 色は心理に影響を与えそれぞれの色には（ B ）がある。
①独立効果　②適正効果　③感情効果　④信頼効果

C 地域の色は暮らしている人々に安心感や（ C ）意識をもたらす。
①充足　②帰属　③所属　④住民

問 29

次の記述のうち正しいものには①、誤ったものには②をそれぞれ解答欄に記入しなさい。

A 黄は明度が一番高い色のため目につきやすく、黄色と黒の組み合わせは注意を促す道路標識に使われている。また、黄橙に近い黄色は「食欲の色」といわれ、食品のパッケージなどで良く使われる。

B 紫は高貴な色で、日本でも官位の最上位の色として使われていた。また、情緒不安定、嫉妬など複雑な心理状態も表す。個性的な色のため配色には注意が必要である。

C 赤は権力や勇気を示し、また、誘目性が高いので看板、広告などに使われている。自立神経の中でも交感神経に働き興奮を高める。

D 黒は色みがないので、どの色とも調和しやすい色であり、誰からも愛される色なので、公共の場でも多用するのが良い。

E 赤は新しい生命に対する平和と安全を意味する。また、目にやさしく脈拍や呼吸を落ち着かせ、気分や血圧を安定させる働きがある。

問 30

次の記述の答えとして最も適切なものを選び解答欄に記入しなさい。

A 襲の色目で表がWtで裏がpl―3YGの配色の呼び名
①紅梅かさね　②氷かさね　③菖蒲かさね　④紅葉かさね

B 襲の色目で表がvv―11Bで裏がdl―17RPの配色の呼び名
①紅葉かさね　②菖蒲かさね　③氷かさね　④紅梅かさね

C 襲の色目で表がvv―19Rで裏がdl―19Rの配色の呼び名
①紅梅かさね　②菖蒲かさね　③氷かさね　④紅葉かさね

D 襲の色目で表がbt―17RPで裏がdl―17RPの配色の呼び名
①紅梅かさね　②菖蒲かさね　③氷かさね　④紅葉かさね

E 無彩色の濃淡で描く水墨画にあるとされる墨の色の色相
①二彩　②三彩　③四彩　④五彩

問 31

次の記述の答えとして最も適切なものを選び解答欄に記入しなさい。

A 他の色を引き立たせる効果があり自己主張しない色
①黒　②白　③ピンク　④グレー

B 古代ギリシャ・ローマ時代に偉大な業績を残した英雄に与えられた冠の色
①紫　②青　③赤　④緑

C 江戸時代に茶色と共に粋な色として大流行した色
①藍色　②紫　③鼠色　④黒

D 中国で18世紀頃に作られた磁器の白地に描かれた文様の色
①紫　②青　③緑　④赤

E 機能的で効率性の良いオフィスにするために使いたい色
①パープル　②オレンジ　③グレー　④ピンク

問 32

次の文章の空欄に当てはまる語句を語群より選び解答欄に記入しなさい。

中国には古くから陰陽五行説があり、日本はこの影響をうけて603年に（ A ）が制定された。（ A ）は頭にかぶる冠の色により、朝廷での階級を示すもので最上級の（ B ）から順に（ C ）と定められ、それぞれの濃淡で階級の違いを表していた。平安時代の十二単衣に代表される（ D ）は、季節に応じた色を着物の表と裏との配色に取り入れたもので、夏の季節には（ E ）などがある。

室町時代に盛んだった水墨画は、白、灰、黒の濃淡で表現され墨の色は（ F ）の色相があるとされた。この灰色諧調が「わび・さび」を表現する色で、茶人である千利休の好んだ「利休鼠」と呼ばれる鼠色は（ G ）をおびていた。

江戸時代の中頃には、町人の衣装が豪華になったため幕府は（ H ）を発令し、色を制限した結果、茶色、（ I ）などの色が粋な色として流行した。また、濃い紫系の青の（ J ）も、この時代の流行色のひとつだった。

A ①冠位十二級　②冠位十二制　③冠位十二階　④冠位十二説

B ①黄　②赤　③紫　④青

C ①青赤黄白黒　②赤青黄白黒　③黄赤青白黒　④青黄赤白黒

D ①襲の装束　②襲の色目　③襲の配色　④襲の季節

E ①紅葉かさね　②菖蒲かさね　③紅梅かさね　④氷かさね

F ①六彩　②四彩　③三彩　④五彩

G ①黄み　②緑み　③赤み　④青み

H ①奢侈禁止令　②伊達好み禁止令　③豪華衣装禁止令　④役者色禁止令

I ①緑色　②灰色　③青色　④紫色

J ①鉄色　②江戸紫　③紺瑠璃　④納戸色

第2章

色彩理論

色のしくみ
CUS® 表色系
色の三属性と対比現象
色の感情効果
CUS® 配色効果

問 01

次の文章の空欄に当てはまる語句を語群より選び解答欄に記入しなさい。

A 教会のステンドグラスを通り抜けてきた光が眼に入って感じる色を（ A ）という。
①透過色　②反射色　③光源色　④表面色

B 自ら光を発しているように見えるネオンのような光の色は（ B ）という。
①透過色　②物体色　③光源色　④表面色

C 私たちが色を感じ取るために必要な「視覚の3要素」とは、光・物体・（ C ）である。
①電磁波　②視神経　③眼　④プリズム

D トマトが赤く見えるのは、（ D ）の光を最も多く反射するからである。
①紫外線　②赤外線　③短波長　④長波長

E 雨上がりの空に見える虹は、空中の水滴がプリズムの代わりを果たし、太陽光が（ E ）されるために起こる自然現象である。
①分光　②反射　③吸収　④調光

> **! ONE POINT**
>
> 透過した光で美しい色を表現するステンドグラスは、たくさんの種類の色ガラス板を刻み、鉛でつなぎ合わせて作られています。教会のステンドグラスは、昔、字の読めない人々にも神の教えを説くために作られました。

問 02

次の配色の答として最も適切なものを選び解答欄に記入しなさい。

A 優しい色調ととても暗い色調の配色　　pl-3YG　　A

①pl-23YO　②cl-21RO　③dk-1Y　④td-3YG

B 明度に共通性がある反対色調配色　　pl-7BG　　B

①pl-5G　②cl-7BG　③bt-7BG　④td-5G

C 中彩度同士の反対色相配色　　dl-15P　　C

①cl-5G　②lg-1Y　③vv-17RP　④dp-5G

D 類系色調の類系色相配色　　cl-17RP　　D

①bt-13V　②vv-19R　③dl-11B　④lg-15P

E 彩度に共通性がある類系色調の反対色相配色　　dk-5G　　E

①dp-13V　②dl-19R　③td-11B　④vv-23YO

問 03

次の記述のうち正しいものには①、誤ったものには②をそれぞれ解答欄に記入しなさい。

A 補色同士の色を組み合わせると対比が起こり、お互いの色を鮮やかに見せる効果がある。

B メイクで派手なリップをつけた時、口元ばかりが目立ち、肌色がくすんで見えてしまうのは、彩度対比の現象によるものである。

C みかんに赤いネットがしてあるのは、色相対比の現象を上手く使って、みかんを実際より赤く見せるためのものである。

D 同化とは周囲の色に近づいて見える現象であるが、細かいストライプや網目柄などに起きやすい。

E 日焼けをした時に白いシャツを着ると肌色がより黒く見えたり、髪を黒くカラリングすると肌色がより白く見えたりするのは、明度の同化現象によるものである。

! ONE POINT

一般に対比とは、性質の違ったものを並べることによって、その違いが著しい現象をいいます。色彩においては色相、明度、彩度のそれぞれに対比現象が見られます。

問 04

次の文章の空欄に当てはまる語句を語群より選び解答欄に記入しなさい。

色は私たちの五感にさまざまな影響を与えイメージを呼び起こす。これを色の心理効果という。白い碁石より黒い碁石の方が大きく作ってあるのは、白が黒より（ A ）見えるためである。これは、色の三属性のうち（ B ）に関わる心理効果と言える。また、色から受ける温度感は色の三属性の中では（ C ）との関連が強い。そして（ C ）は、すっぱい・辛いなどの味覚にも影響を与え、（ D ）の色は、飛び出して見える色でもある。この他に中性色と呼ばれる（ E ）などの温度感を感じさせない色もある。

A ①膨張して　②軽く　③柔らかく　④弱々しく

B ①色相　②明度　③彩度　④三属性の全て

C ①色相　②明度　③彩度　④無彩色

D ①暖色系の色　②寒色系の色　③高明度な色　④高彩度な色

E ①茶　②橙　③ピンク　④紫

ONE POINT

色は人間の感情に影響を与える力があります。色の違いによって印象が違ったり、同じ色でも隣り合う色に影響されて本来の色が変化して見えたりします。第1章で勉強した各色の持つイメージなどからも分かるように、色は私たちの生活と深くかかわっています。

問 05

次の質問の答として最も適切なものを選び解答欄に記入しなさい。

A 「vv−1Y」と「vv−3YG」の配色はどれか
　①イエローアンダートーン配色　②ブルーアンダートーン配色
　③違うアンダートーンの類系色相配色　④色相配色の関係が不調和な配色

B 「vv−23YO」と「vv−21RO」の配色はどれか
　①イエローアンダートーン配色　②ブルーアンダートーン配色
　③違うアンダートーンの類系色相配色　④色相配色の関係が不調和な配色

C 「vv−5G」と「vv−19R」の配色はどれか
　①イエローアンダートーン配色　②ブルーアンダートーン配色
　③違うアンダートーンの反対色相配色　④色相配色の関係が不調和な配色

D 「vv−13V」と「vv−1Y」の配色はどれか
　①イエローアンダートーン配色　②ブルーアンダートーン配色
　③違うアンダートーンの補色色相配色　④色相配色の関係が不調和な配色

E 「vv−9GB」と「vv−11B」の配色はどれか
　①イエローアンダートーン配色　②ブルーアンダートーン配色
　③違うアンダートーンの反対色相配色　④違うアンダートーンの類系色相配色

問 06

次の記述のうち、正しいものを1つ選んで解答欄に記入しなさい。

A
① vvは、高明度で高彩度の鮮やかな色の色調である。
② vvは、中明度で中彩度の濃い色の色調である。
③ vvは、中明度で高彩度の鮮やかな色の色調である。
④ vvは、低明度で中彩度の濃い色の色調である。

B
① clは、クリアーと読み、すっきりした色の色調である。
② clは、クールと読み、涼しげな色の色調である。
③ clは、クリアーと読み、ほとんど色みのない色の色調である。
④ clは、クールと読み、寒色系の色の色調である。

C
① dlは、低明度で低彩度の暗い色の色調である。
② dlは、中明度で中彩度の地味な色の色調である。
③ dlは、低明度で高彩度の濃い色の色調である。
④ dlは、中明度で低彩度の灰みの強い色の色調である。

D
① lgは、ライトグレイと読み、無彩色の明度段階を表す色調である。
② lgは、ルーズグレイと読み、無彩色の明度段階を表す色調である。
③ lgは、ライトグレイッシュと読み、灰色だけの色調である。
④ lgは、ライトグレイッシュと読み、薄い灰みの色の色調である。

E
① plは、ピーエルと読み、高明度で高彩度な色の色調である。
② plは、ピールと読み、薄い色の色調である。
③ plは、プールと読み、色みの詰まった色調である。
④ plは、ペールと読み、高明度で低彩度な色の色調である。

問 07

次の配色の答として最も適切なものを選び解答欄に記入しなさい。

A 補色同士の類系色調配色となる色　　　| bt－7BG | A |

　　①pl－1Y　②td－19R　③vv－19R　④cl－5G

B 暖色系同士の類系色調配色となる色　　| vv－21RO | B |

　　①dl－23YO　②pl－1Y　③dk－11B　④vv－17RP

C 中性色同士の反対色調配色となる色　　| td－15P | C |

　　①dk－1Y　②dp－5G　③bt－23YO　④lg－9GB

D 進出色と後退色の類系色調配色となる色　| vv－21RO | D |

　　①vv－1Y　②lg－13V　③dl－19R　④bt－9GB

E 軽く感じる色同士の類系色相配色となる色 | pl－1Y | E |

　　①pl－23YO　②pl－15P　③dl－3YG　④cl－9GB

問 08

次の質問の答として最も適切なものを選び解答欄に記入しなさい。

A 白熱灯のもとで一番はっきり見える色を選びなさい。
　①vv－15P　②vv－5G　③vv－9GB　④vv－23YO

B 白熱灯のもとで一番くすんで見える色を選びなさい。
　①vv－19R　②vv－21RO　③vv－7BG　④vv－1Y

C 蛍光灯のもとで一番はっきり見える色を選びなさい。
　①vv－21RO　②vv－11B　③vv－2Y　④vv－19R

D 蛍光灯のもとで一番くすんで見える色を選びなさい。
　①vv－19R　②vv－7BG　③vv－15P　④vv－11B

問 09

次の記述のうち正しいものには①、誤ったものには②をそれぞれ解答欄に記入しなさい。

A 強膜は眼の前面にあり、無色透明な膜で光を屈折させる働きの他にほこりが眼に入るのを防ぐ役割をしている。

B 杆体は網膜上にあって、明るい所で働き、私たちが暗さやまぶしさを感じるように光の明暗に反応する視細胞である。

C 黄斑は網膜上にある視細胞で、暗い所で働き、赤・緑・青の3つの信号に変える働きをしているため、私たちは色を感じることができる。

D 水晶体は、遠くのものを見るときにはその厚さは薄く、近くのものを見るときは厚くなる。

E 網膜は眼球の中でも最も重要な役割を担っている。この部分は様々な細胞によって構成されており、色や形を感知するために必要な部分である。

問 10

次の記述のうち、正しいものを1つ選んで解答欄に記入しなさい。

A
①色相環上で30度内の色相同士を組み合わせた配色を同系色相配色という。
②色相環上で45度内の色相同士を組み合わせた配色を同系色相配色という。
③色相環上で90度内の色相同士を組み合わせた配色を同系色相配色という。
④色相環上で120度内の色相同士を組み合わせた配色を同系色相配色という。

B
①色相環上で5度内の色相同士を組み合わせた配色を類系色相配色という。
②色相環上で15度内の色相同士を組み合わせた配色を類系色相配色という。
③色相環上で30度内の色相同士を組み合わせた配色を類系色相配色という。
④色相環上で90度内の色相同士を組み合わせた配色を類系色相配色という。

C
①色相環上で180度反対側の色相同士を組み合わせた配色を類系色相配色という。
②色相環上で心理補色になる色相同士を組み合わせた配色を類系色相配色という。
③色相環上でキーカラーと向かい合う90度以内の色との配色を反対色相配色という。
④色相環上でキーカラーと向かい合う180度以内の色同士を反対色相配色という。

D
①色相環上には同系と類系色相配色しかできない色相がある。
②色相環上には類系色相配色ができない色相がある。
③色相環上には反対色相配色ができない色相がある。
④色相環上のどの色相も同系・類系・反対の色相配色ができる。

問11

次の記述のうち、正しいものを1つ選んで解答欄に記入しなさい。

A
①pl－15Pは軽い色でもあり、冷たい色でもある。
②pl－15Pは重い色でもあり、硬い色でもある。
③pl－5Gは暖かく感じる色でもあり、柔らかい色でもある。
④pl－5Gは柔らかい色であり、さわやかな色でもある。

B
①vv－19Rの方がvv－9GBより進出して見える。
②vv－21ROの方がvv－11Bより後退して見える。
③vv－9GBとvv－11Bは両方とも進出して見える。
④vv－19Rとvv－21ROは両方とも後退して見える。

C
①同じ大きさの箱でもpl－17RPの方がtd－21ROより小さく見える。
②同じ大きさの箱でもpl－17RPの方がtd－9GBより小さく見える。
③同じ大きさの箱でもpl－17RPの方がtd－21ROより大きく見える。
④pl－17RPの箱とtd－21ROの箱ではどちらも同じ大きさに見える。

D
①dk－13Vは硬い色でもあり、収縮して見える色でもある。
②dk－13Vは柔らかい色でもあり、膨張して見える色でもある。
③dk－13Vは硬い色でもあり、大きく見える色でもある。
④dk－13Vは柔らかい色でもあり、軽い色でもある。

E
①強くインパクトのあるブーケを作るには、plの色調の花を使う。
②強くインパクトのあるブーケを作るには、vvの色調の花を使う。
③強くインパクトのあるブーケを作るには、lgの色調の花を使う。
④強くインパクトのあるブーケを作るには、dlの色調の花を使う。

問 12

次の文章の空欄に当てはまる語句を語群より選び解答欄に記入しなさい。

光を発するものを光源といい、大きく（　A　）と（　B　）に分類される。（　A　）は太陽光のことで、どの波長の光もまんべんなく含んでいる。（　B　）は代表的なものとして蛍光灯と白熱灯がある。蛍光灯は（　C　）の光を多く含んでいるため（　D　）系の色をくすませてしまう。白熱灯は（　E　）の光を多く含んでいるので（　F　）系の色をくすませてしまう。これらの光源が物体にあたると物体の表面から光が反射され物体表面の色のように感じる。これを（　G　）という。ネオンや電球のように光源そのものから光を発しているように見えるものを（　H　）という。赤いりんごの（　G　）をより美味しそうに見せる照明は（　I　）の方が良い。赤いりんごのように食品には暖色系の色が多いことから、この照明は（　J　）の照明にふさわしい。

A ①自然光源　②天然光源　③人工光源　④燃焼光源

B ①自然光源　②天然光源　③人工光源　④燃焼光源

C ①長波長　②中波長　③短波長　④白色光

D ①緑　②青　③紫　④赤

E ①長波長　②中波長　③短波長　④白色光

F ①赤　②橙　③黄　④青

G ①表面色　②透過色　③光源色　④吸収

H ①表面色　②透過色　③光源色　④反射色

I ①白熱灯　②蛍光灯　③温白灯　④昼白灯

J ①オフィス　②レストラン　③舞台　④スタジオ

問 13

次の記述のうち正しいものには①、誤ったものには②をそれぞれ解答欄に記入しなさい。

A CUS®の色相環ではキーカラーと向かい合う位置にある2つの色は補色配色と呼ばれているが、全ての補色の関係が同じアンダートーンになるように配列されている。

B アンダートーン配色を考える場合、ひとつの色相が2つのアンダートーンに分かれているので同系色相配色はできない。

C CUS®の24色相のうち、同じアンダートーン同士の色の組み合わせでは、反対色相の関係が存在しない色相もある。

D イエローアンダートーンは暖かみを感じる色のグループだが、寒色を使った配色もある。

E ブルーアンダートーン配色は紫系の色が多く、橙系の色でブルーアンダートーン配色を作ることはできない。

ONE POINT

ある色をしばらく見つめた後に、白い紙などに視線を移すと、最初に見た色と正反対の色が残像として見えますが、これを心理補色といいます。色をじっと見ていると網膜がその刺激によって疲れるため、反対の色で刺激を和らげようとするものです。

問 14

次の配色の答として最も適切なものを選び解答欄に記入しなさい。

A 同じ色調で補色対比が起こりやすい配色の色　　bt−17RP　　A

①bt−11B　②bt−5G　③bt−2Y　④bt−13V

B 有彩色で明度対比が起こりやすい配色の色　　dl−11B　　B

①Wt　②dk−11B　③lg−23YO　④Bk

C 有彩色で彩度対比が起こりやすい配色の色　　vv−13V　　C

①pl−3YG　②dl−13V　③td−19R　④dp−1Y

D dl-19Rの色をより明るく見せる配色の色　　dl−19R　　D

①dl−7BG　②cl−17RP　③lg−5G　④dk−19R

E vv-7BGの色をより鮮やかに見せる配色の色　　vv−7BG　　E

①vv−19R　②dp−7BG　③bt−7BG　④vv−9GB

問 15

次の質問の答として最も適切なものを選び解答欄に記入しなさい。

A 「cl-13V」と「pl-13V」の配色はどれか
　①同系色相で類系色調　②類系色相で同系色調
　③類系色相で類系色調　④同系色相で反対色調

B 「vv-3YG」と「bt-1Y」の配色はどれか
　①同系色相で類系色調　②類系色相で同系色調
　③類系色相で類系色調　④類系色相で反対色調

C 「lg-11B」と「vv-2Y」の配色はどれか
　①反対色相で類系色調　②反対色相で同系色調
　③類系色相で類系色調　④反対色相で反対色調

D 「pl-1Y」と「cl-23YO」と「bt-21RO」の配色はどれか
　①高彩度同士の類系色相　②高彩度同士の反対色相
　③高明度同士の反対色相　④高明度同士の類系色相

E 「dk-9GB」と「dl-9GB」と「cl-9GB」の配色はどれか
　①中彩度同士の同系色相　②中彩度同士の類系色相
　③中明度同士の同系色相　④中明度同士の類系色相

ONE POINT

赤、黄、緑といった色みの種類を色相といいます。この色相上の色と色の間が視覚的に違和感なく変化するように環を作ったものを色相環といいます。CUS®では12色相環と、それをさらに2つに分類した24色相環があります。

問 16

次の質問の答として最も適切なものを選び解答欄に記入しなさい。

A vv-3YGと同じアンダートーンで類系色相配色になる色はどれか
　①vv-20R　②vv-23YO　③vv-5G

B vv-17RPと同じアンダートーンで類系色調配色になるの色はどれか
　①cl-14V　②vv-16P　③bt-15P

C vv-19Rと同じアンダートーンで反対色相配色になる色はどれか
　①vv-7BG　②lg-9GB　③pl-8BG

D vv-10GBと同じアンダートーンで同系色調配色になる色はどれか
　①dp-12B　②vv-20R　③dl-1Y

E vv-6Gと同じアンダートーンで反対色相配色になる色はどれか
　①vv-14V　②lg-24YO　③vv-16P

> **! ONE POINT**
>
> CUS®アンダートーンとは、色を心理的な感じ方で暖かい色、寒い色と分けることがあるように、色を青みがより多く感じられるブルーアンダートーンと、色を黄みがより多く感じられるイエローアンダートーンの2つに分類する方法です。

問17

次の記述のうち正しいものには①、誤ったものには②をそれぞれ解答欄に記入しなさい。

A 色の膨張・収縮感は明度によって左右される。

B インパクトのある、目立つ装いをする場合は、高明度な服を選ぶ。

C lg－7BGは暖色系の色であり、落ち着いた大人っぽい印象を与える。

D 色は人の五感に訴えかける力があるが、「すっぱい」「辛い」などの味覚には影響を与えることはない。

問18

次の質問の答として最も適切なものを選び解答欄に記入しなさい。

A 短波長の光が反射されるTシャツの色を選びなさい。
　　①vv－13V　②vv－5G　③vv－3YG　④vv－23YO

B 長波長の光が反射されるスカーフの色を選びなさい。
　　①vv－15P　②vv－21RO　③vv－7BG　④vv－11B

C 夏ミカンの表面色として感じられる色相を選びなさい。
　　①19R　②11B　③5G　④1Y

D 赤ワインの物体色として感じられる色相を選びなさい。
　　①19R　②7BG　③23YO　④11B

E 蛍光灯の光源色として多く含まれている波長の色を選びなさい。
　　①3YG　②11B　③1Y　④21RO

問 19

次の記述のうち、正しいものを1つ選んで解答欄に記入しなさい。

A
①15Pはイエローアンダートーン、16Pはブルーアンダートーンである。
②15Pと16Pはともにブルーアンダートーンである。
③15Pはブルーアンダートーン、16Pはイエローアンダートーンである。
④紫は黄みを帯びて見えるので15Pも16Pもイエローアンダートーンである。

B
①ROもYOも赤に黄を混ぜてできる色なので全てイエローアンダートーンである。
②ROはブルーアンダートーン、YOはイエローアンダートーンである。
③21ROはイエローアンダートーン、22ROはブルーアンダートーンである。
④23YOはイエローアンダートーン、24YOはブルーアンダートーンである。

C
①青緑は緑に青を混ぜてできる色なので全てブルーアンダートーンである。
②青緑は青に緑を混ぜてできる色なので全てイエローアンダートーンである。
③7BGはイエローアンダートーン、8BGはブルーアンダートーンである。
④7BGはブルーアンダートーン、8BGはイエローアンダートーンである。

D
①黄の色相には、ブルーアンダートーンはない。
②青の色相には、イエローアンダートーンはない。
③赤の色相には、イエローアンダートーンはない。
④緑の色相には、ブルーアンダートーンはない。

E
①2つのアンダートーンに分かれるのは、YGだけである。
②2つのアンダートーンに分かれるのは、YとVだけである。
③2つのアンダートーンに分かれるのは、YとBGとVとRだけである。
④CUS® 12色相は、全て2つのアンダートーンに分かれている。

問 20

次の記述のうち、正しいものを1つ選んで解答欄に記入しなさい。

A
①物体に光が当たった時に起こるのは「反射」だけである。
②物体に光が当たった時に起こるのは「透過」だけである。
③物体に光が当たった時に起こるのは「吸収」だけである。
④物体に光が当たった時に起こるのは「反射」「透過」「吸収」である。

B
①テレビ波は、可視光である。
②スペクトルは、可視光である。
③赤外線は、可視光である。
④紫外線は、可視光である。

C
①太陽光は、中波長や長波長の光を多く含んでいる。
②太陽光は、どの波長の光もまんべんなく含んでいる。
③太陽光は、短波長の光を多く含んでいる。
④太陽光は、短波長と中波長の光を多く含んでいる。

D
①太陽光は、自然光源である。
②白熱灯は、自然光源である。
③蛍光灯は、自然光源である。
④太陽光・白熱灯・蛍光灯は、どれも人工光源である。

E
①白いバラの花は、太陽光のもとでは、黄色っぽく見える。
②白いバラの花は、蛍光灯のもとでは、黄色っぽく見える。
③白いバラの花は、白熱灯のもとでは、黄色っぽく見える。
④黄色いバラの花は、白熱灯のもとでは、白っぽく見える。

問 21

次の配色の答として最も適切なものを選び解答欄に記入しなさい。

A 暗い色調を使った同系色相となる配色　　pl−3YG　　A

①pl−23YO　②cl−13V　③dk−3YG　④td−3YG

B すっきりした色調を使った類系色相となる配色　　pl−5G　　B

①pl−5G　②cl−7BG　③bt−7BG　④lg−5G

C 鮮やかな色調を使った反対色相となる配色　　lg−15P　　C

①cl−3YG　②vv−5G　③vv−17RP　④pl−5G

D 高明度で高彩度な色調を使った
類系色相となる配色　　vv−17RP　　D

①bt−13V　②vv−19R　③dl−19R　④cl−15P

E 中明度で低彩度な色調を使った
反対色相となる配色　　dp−21RO　　E

①cl−13V　②dl−19R　③td−11B　④lg−9GB

問 22

次の記述のうち、正しいものを1つ選んで解答欄に記入しなさい。

A
①Gy1に囲まれたGy3は、対比により暗く見える。
②Gy3に囲まれたGy1は、同化により明るく見える。
③Gy3に囲まれたGy1は、対比により暗く見える。
④Gy1に囲まれたGy3は、対比により明るく見える。

B
①vv－1Yに囲まれたvv－13Vは、対比によりくすんで見える。
②vv－1Yに囲まれたvv－13Vは、同化によりくすんで見える。
③vv－1Yに囲まれたvv－13Vは、対比により鮮やかに見える。
④vv－1Yに囲まれたvv－13Vは、対比により明るく見える。

C
①vv－7BGに囲まれたvv－5Gは、本来より赤みよりに見える。
②vv－7BGに囲まれたvv－5Gは、本来より紫みよりに見える。
③vv－7BGに囲まれたvv－5Gは、本来より緑みよりに見える。
④vv－7BGに囲まれたvv－5Gは、本来より黄みよりに見える。

D
①vv－19Rに囲まれたvv－17RPは、本来より赤みよりに見える。
②vv－19Rに囲まれたvv－17RPは、本来より紫みよりに見える。
③vv－19Rに囲まれたvv－17RPは、本来より緑みよりに見える。
④vv－19Rに囲まれたvv－17RPは、本来より黄みよりに見える。

> **ONE POINT**
>
> 色相対比は、ある色の周囲を違う色で囲んだ時に中心にある色が本来の色と違って見える現象です。この場合中心にある色は、囲まれた色の心理補色の色の方向に近づいて見えます。

問 23

次の記述のうち、不適切なものを1つ選んで解答欄に記入しなさい。

A
① pl は、lg よりも軽く感じる色である。
② pl は、bt よりも弱く感じる色である。
③ pl は、vv よりも明るい色である。
④ pl は、td よりも収縮して見える色である。

B
① vv は、dl よりも強く感じる色である。
② vv は、lg よりも派手に感じる色である。
③ vv は、cl よりも柔らかく感じる色である。
④ vv は、dp よりも明るい色である。

C
① bt は、cl よりも強く感じる色である。
② bt は、dp よりも軽く感じる色である。
③ bt は、td よりも膨張して見える色である。
④ bt は、lg よりも地味に感じる色である。

D
① td は、lg よりも重く感じる色である。
② td は、cl よりも硬く感じる色である。
③ td は、pl よりも収縮して見える色である。
④ td は、vv よりも強く感じる色である。

E
① dp は、pl よりも膨張して見える色である。
② dp は、lg よりも強く感じる色である。
③ dp は、bt よりも重く感じる色である。
④ dp は、td よりも派手に感じる色である。

問24

次の文章の空欄に当てはまる語句を語群より選び解答欄に記入しなさい。

CUS®の色相環の中で2つのアンダートーンに分かれる色相は、（ A ）と（ B ）、（ C ）と（ D ）という2組の心理補色が色相環上で直交している。さらにその間の色相を等間隔に分割して最大24色相分割を位置付けている。（ A ）と（ C ）は暖色系の色であり、また、（ A ）は色相環の起点ともなる。
CUS®9色調図の色相環は明度軸を基本として外側から高明度順に（ E ）彩度の（ F ）、中明度で（ G ）彩度の（ H ）、低明度で（ I ）彩度の（ J ）の色調順に並んでいる。

A ①黄　②黄橙　③橙　④黄緑

B ①緑　②青緑　③黄緑　④青紫

C ①赤　②赤橙　③青紫　④赤紫

D ①緑青　②青緑　③青　④黄緑

E ①高中低　②中低高　③中高低　④低中高

F ①pl・cl・bt　②cl・bt・pl　③bt・vv・dp　④pl・lg・vv

G ①高中低　②中低高　③中高低　④低中高

H ①cl・bt・pl　②dp・dk・td　③vv・dl・lg　④cl・dl・dk

I ①高中低　②中低高　③中高低　④低中高

J ①dp・dk・td　②td・dk・dp　③vv・dl・td　④pl・cl・bt

問 25

次の記述のうち正しいものには①、誤ったものには②をそれぞれ解答欄に記入しなさい。

A トマトの表面が赤いと感じる色のことを「表面色」と呼び、ステンドグラスのように光が通り抜けて感じる色のことを「透過色」と呼ぶ。両方とも物についた色のように感じるので「物体色」と呼ばれている。

B ニュートンは、太陽の光である白色光をガラスの三角柱であるスペクトルで分光することによって色の帯が現れることを発見した。

C 「視覚の3要素」とは光・物体・眼のことであるが、どれか2つの条件がそろえば色を見ることができる。

D 太陽光には、私たちの眼が感じ取ることができる領域の約380nm〜780nmの光を偏りなく含んでいるため、ある色だけを際立たせたり、くすませたりすることはない。

E 光を発するものを光源といい、自ら光を発しているように見えるネオンのような物体の色を光源色というが、ろうそくの炎の色も光源色である。

> **！ ONE POINT**
>
> 光のスペクトルを発見したのは、イギリスのアイザック・ニュートンです。リンゴが木から落ちるのを見て万有引力を思いついたという有名な話がありますが、数学の微分積分法を発見するなど、科学者、物理学者、数学者として大きな業績を残しました。

問 26

次の記述のうち正しいものには①、誤ったものには②をそれぞれ解答欄に記入しなさい。

A plとbtの色調を組み合わせた配色は彩度差がきわだつ配色になるので同系色相や類系色相でまとめるとバランスが取りやすくなる。

B plとtdの色調を組み合わせた配色は明暗の対比が強く、メリハリのある配色になるので、反対色相でまとめるとバランスが良い。

C clとdlの色調を組み合わせた配色は明度にやや変化があるので、統一感と変化を適度につけることができる。

D btとlgの色調を組み合わせた配色は明度・彩度ともに差がありコントラストが強いため、反対色相でバランスをとるのが良い。

E btとtdの色調を組み合わせた配色は明度・彩度ともに差があり動きのあるきわだった配色になることからバランスを崩すことが多いため、色相を合わせるなどの配慮が必要になる。

問 27

次の記述の答として最も適切なものを選び解答欄に記入しなさい。

A vv－23YOが同化現象で赤みを帯びて見えるように囲むネットの色
①vv－1Y　②vv－5G　③vv－11B　④vv－21RO

B vv－5Gが同化現象で明るく見えるように囲むネットの色
①Bk　②td－11B　③dk－13V　④Wt

C vv－19Rが同化現象でくすんで見えるように囲むネットの色
①vv－21RO　②bt－19R　③lg－19R　④dp－19R

D vv－1Yが同化現象で緑みを帯びて見えるように囲むネットの色
①vv－19R　②vv－5G　③vv－13V　④vv－23YO

E cl－21ROが同化現象で暗く見えるように囲むネットの色
①Bk　②vv－11B　③dk－1Y　④Wt

問 28

次の質問の答として最も適切なものを選び解答欄に記入しなさい。

A vv－19Rとvv－17RPの配色はどれか
　①イエローアンダートーンの類系色相配色
　②ブルーアンダートーンの類系色相配色
　③イエローアンダートーンの類系色調配色
　④ブルーアンダートーンの類系色調配色

B pl－11Bとcl－7BGの配色はどれか
　①高彩度同士の組み合わせで類系色相配色
　②高明度同士の組み合わせで反対色調配色
　③高明度同士の組み合わせで類系色調配色
　④低彩度同士の組み合わせで反対色相配色

C bt－21ROとdp－1Yの配色はどれか
　①反対色相で反対色調の配色
　②類系色相で類系色調の配色
　③反対色相で同系色調の配色
　④類系色相で反対色調の配色

D vv－4YGとvv－14Vの配色はどれか
　①ブルーアンダートーンの同系色調配色
　②ブルーアンダートーンの反対色相配色
　③イエローアンダートーンの類系色相配色
　④イエローアンダートーンの反対色相配色

E vv－12Bとvv－13Vの配色はどれか
　①ブルーアンダートーンの類系色相配色
　②ブルーアンダートーンの同系色相配色
　③イエローアンダートーンの類系色相配色
　④イエローアンダートーンの同系色相配色

問 29

次の質問の答として最も適切なものを選び解答欄に記入しなさい。

A vv−23YOが対比現象により黄みを帯びたように見える周囲の色を選びなさい。

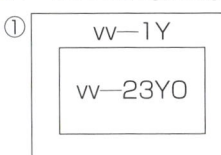

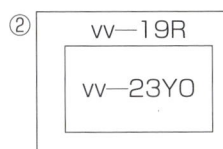

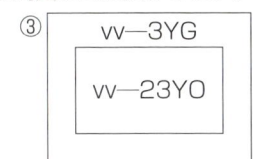

① vv—1Y / vv—23YO
② vv—19R / vv—23YO
③ vv—3YG / vv—23YO

B vv−5Gが対比現象により黄みを帯びたように見える周囲の色を選びなさい。

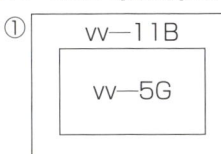

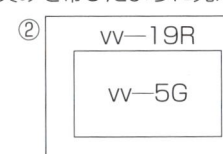

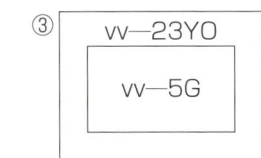

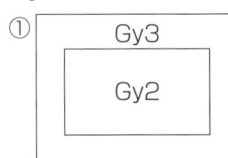

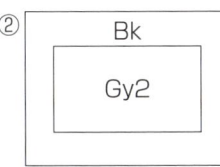

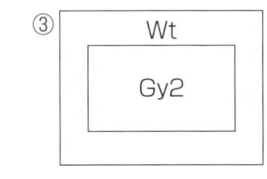

① vv—11B / vv—5G
② vv—19R / vv—5G
③ vv—23YO / vv—5G

C vv−19Rが心理補色により鮮やかに見える周囲の色を選びなさい。

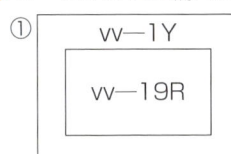

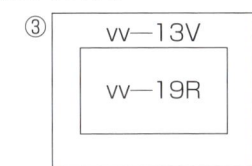

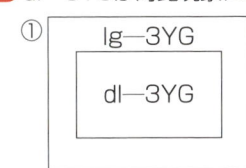

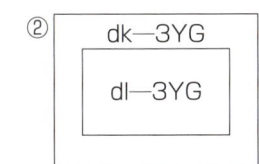

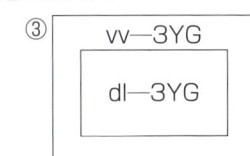

① vv—1Y / vv—19R
② vv—7BG / vv—19R
③ vv—13V / vv—19R

D Gy2が対比現象により暗く見える周囲の色を選びなさい。

① Gy3 / Gy2
② Bk / Gy2
③ Wt / Gy2

E dl−3YGが対比現象により鮮やかに見える周囲の色を選びなさい。

① lg—3YG / dl—3YG
② dk—3YG / dl—3YG
③ vv—3YG / dl—3YG

問 30

次の文章の空欄に当てはまる語句を語群より選び解答欄に記入しなさい。

アンダートーン配色とは（　A　）アンダートーンの色は調和するという考えにもとづいている。アンダートーンは（　B　）種類に分類されているが、単に暖色・寒色のように分類されているのではない。例えば一般に暖色系に分類される黄色も、レモンの黄色は冷たく感じるので（　C　）みの（　D　）アンダートーンに、夏みかんの黄色は暖かみを感じるので（　E　）みの（　F　）アンダートーンに分類する。（　G　）の2色配色はイエローアンダートーンの（　H　）色相配色になっており、この配色テクニックはコントラストの技法にあたる。（　I　）の3色配色はイエローアンダートーンでまとめられたグラデーション配色である。

①ブルー　　　　②イエロー　　　③黄　　　　　　　④緑
⑤青　　　　　　⑥赤　　　　　　⑦同系　　　　　　⑧類系
⑨反対　　　　　⑩同じ　　　　　⑪異なる　　　　　⑫対向
⑬8　　　　　　 ⑭2　　　　　　 ⑮4　　　　　　　 ⑯24
⑰7BG・19R　　 ⑱8BG・20R　　 ⑲1Y・23YO・21RO　⑳13V・16P・19R

> **! ONE POINT**
>
> CUS®色相環の各色相を、心理的な見え方にかかわるアンダートーンで分けていきます。「同じアンダートーンの色は美しく調和する」という配色理論から、同じアンダートーンの色の配色を「アンダートーン配色」といいます。

問31

次の記述のうち、正しいものを1つ選んで解答欄に記入しなさい。

A
①可視光線には赤外線や紫外線が含まれる。
②人の眼に感じられる波長の光は380nm～780nmの領域である。
③紫外線やラジオ波は波長が長すぎて人の眼に感じられない。
④赤外線やX線は波長が短すぎて人の眼に感じられない。

B
①長波長の光を多く吸収する色の車は、実際の位置よりも近くに見えることがある。
②短波長の光を多く反射する色の車は、実際の位置よりも遠くに見えることがある。
③短波長の光を多く反射する色は、暖かく感じる。
④長波長の光を多く反射する色は、冷たく感じる。

C
①長波長の光だけに反応するのは錐体である。
②中波長の光だけに反応するのは杆体である。
③長波長と中波長の光に反応するのは錐体である。
④錐体は長波長・中波長・短波長の全ての光に反応する。

D
①可視光線の中波長のあたりは緑・黄色の光である。
②可視光線の中波長のあたりは橙色の光である。
③可視光線の中波長のあたりは紫色の光である。
④可視光線の中波長のあたりは黒・灰色の光である。

> **ONE POINT**
>
> 光については、紀元前から窓から差し込む太陽光の観察により、光の屈折や反射などが知られていました。17世紀になると観察だけでなく、実験によってそれが確認されるようになります。白色光をプリズムを使ってスペクトルに分解したニュートンの実験が有名です。

問 32

次の質問の答として最も適切なものを選び解答欄に記入しなさい。

A vvと明度に共通性のある類系色調配色となる色調を選びなさい。
①bt ②cl ③dl ④dp

B clと明度に共通性のある類系色調配色となる色調を選びなさい。
①lg ②bt ③vv ④dl

C dkと明度に共通性のある類系色調配色となる色調を選びなさい。
①td ②dl ③vv ④lg

D lgと明度に共通性のある類系色調配色となる色調を選びなさい。
①dl ②pl ③dk ④td

E dlと彩度に共通性のある類系色調配色となる色調を選びなさい。
①lg ②vv ③cl ④dp

F dpと彩度に共通性のある類系色調配色となる色調を選びなさい。
①dk ②bt ③td ④vv

G plと彩度に共通性のある反対色調配色となる色調を選びなさい。
①bt ②vv ③td ④dp

H btと彩度に共通性のある反対色調配色となる色調を選びなさい。
①cl ②dl ③vv ④dp

I clと彩度に共通性のある反対色調配色となる色調を選びなさい。
①td ②dk ③dl ④dp

J vvと明度に共通性のある反対色調配色となる色調を選びなさい。
①bt ②lg ③pl ④dl

問 33

次の配色の答として最も適切なものを選び解答欄に記入しなさい。

A ブルーアンダートーンの類系色相配色　　vv-17RP　A

①vv-20R　②vv-5G　③vv-2Y　④vv-13V

B イエローアンダートーンの類系色相配色　　vv-21RO　B

①vv-22RO　②vv-2Y　③vv-20R　④vv-3YG

C イエローアンダートーンの反対色相配色　　vv-14V　C

①vv-5G　②vv-3YG　③vv-16P　④vv-2Y

D ブルーアンダートーンの反対色相配色　　vv-19R　D

①vv-15P　②vv-20R　③vv-6G　④vv-11B

E イエローアンダートーンの類系色相配色　　vv-8BG　E

①vv-10GB　②vv-2Y　③vv-5G　④vv-11B

問 34

次の記述のうち正しいものには①、誤ったものには②をそれぞれ解答欄に記入しなさい。

A vv−19Rのスカーフはpl−1Yのスカーフよりも強くインパクトがあり派手な印象になるが、それは色の三属性のうち、明度による影響が大きい。

B td−11Bの服はpl−9GBの服よりも太って見えるので、スリムに見せたい場合は、もっと高明度な色を使った方が良い。

C Bkのボーリングのボールとlg−1Yのボーリングのボールでは、同じ重さでもBkの方が重たそうに見える。

D pl−21ROの毛布とbt−11Bの毛布では、明度が同じ色調の色なので、bt−11Bの毛布の方が柔らかく感じる。

E 同じ距離にあるvv−19Rの車とvv−11Bの車では、vv−19Rの方が近くにあるように感じるのは、色相による影響が強い。

! ONE POINT

気持ちが落ち込んでいる時には暖色系の服を着ると気分が高揚し、いらいらしている時は寒色系の部屋にいると、気持ちが落ち着きます。また、色は暖かさや冷たさをもたらす効果もあります。西日の射す窓には、寒色系の、北窓には暖色系のカーテンがおすすめです。

問 35

次の文章の空欄に当てはまる語句を語群より選び解答欄に記入しなさい。

果物をカラー写真に撮ると物体の（ A ）は赤や黄のような色に感じられる。このような色みのある色を（ B ）という。同じ果物をモノクロ写真にすると（ C ）・（ D ）・（ E ）で構成された写真になる。このように色みを持たない色を（ F ）という。（ B ）には色の明るさの度合いである（ G ）と、色みの強さや鮮やかさの度合いである（ H ）がある。（ F ）のうち最も明るい色は（ C ）で、最も暗い色は（ E ）である。また、最も色みの強い鮮やかな色のことを（ I ）という。（ J ）は、（ B ）を虹の色のように違和感なく並べて環にしたものである。

①有彩色　　　　②無彩色　　　　③スペクトル　　　④色相環
⑤色相　　　　　⑥明度　　　　　⑦彩度　　　　　　⑧光源色
⑨表面色　　　　⑩白　　　　　　⑪黒　　　　　　　⑫灰
⑬中性色　　　　⑭無色透明　　　⑮純色　　　　　　⑯中間色

問 36

次の質問の答として最も適切なものを選び解答欄に記入しなさい。

A 次の4つのうち最も引っ込んで見える色を選びなさい。
　　①vv−1Y　②vv−5G　③vv−11B　④vv−23YO

B 次の4つのうち最も暖かく感じる色を選びなさい。
　　①td−17RP　②bt−21RO　③vv−13V　④vv−15P

C 次の4つのうち最も柔らかく感じる色を選びなさい。
　　①pl−21RO　②vv−11B　③dk−3YG　④td−7BG

D 次の4つのうち最も強く感じる色を選びなさい。
　　①vv−19R　②cl−7BG　③lg−19R　④dk−23YO

E 次の4つのうち最も重く感じる色を選びなさい。
　　①bt−3YG　②vv−17RP　③dp−1Y　④td−13V

問 37

次の記述のうち、正しいものを1つ選んで解答欄に記入しなさい。

A
①ニンニクの白いネットは明度対比を上手く利用した販売方法である。
②ニンニクの白いネットは明度の同化を上手く利用した販売方法である。
③ニンニクの白いネットは彩度対比を上手く利用した販売方法である。
④ニンニクの白いネットは彩度の同化を上手く利用した販売方法である。

B
①色相対比は周囲の色に比べて中の色の面積が大きいほど起こりやすい。
②色相の同化は周囲の色に比べて中の色の面積が大きいほど起こりやすい。
③色相対比は周囲の色に比べて中の色の面積が小さいほど起こりやすい。
④色相対比は周囲と中の面積比に関わらず常に起こるものである。

C
①赤いりんごを緑のトレイに乗せるのは補色対比を利用したものである。
②赤いりんごを緑のトレイに乗せるのは色相同化を利用したものである。
③赤いりんごを白のトレイに乗せるのは明度対比を利用したものである。
④赤いりんごを白のトレイに乗せるのは明度の同化を利用したものである。

D
①補色対比の影響が強いのはvv－7BGとvv－19Rの配色である。
②補色対比の影響が強いのはvv－7BGとpl－19Rの配色である。
③補色対比の影響が強いのはpl－7BGとvv－19Rの配色である。
④補色対比の影響が強いのはpl－7BGとpl－19Rの配色である。

E
①オクラの青緑のネットは色相対比を上手く利用した販売方法である。
②オクラの青緑のネットは彩度対比を上手く利用した販売方法である。
③オクラの青緑のネットは明度の同化を上手く利用した販売方法である。
④オクラの青緑のネットは色相の同化を上手く利用した販売方法である。

問 38

次の配色の答として最も適切なものを選び解答欄に記入しなさい。

A 地味なイメージの同系色調配色　　　dl-17RP　　A

　①dl-11B　②lg-17RP　③vv-2Y　④vv-13V

B すっきりしたイメージの同系色調配色　cl-21RO　　B

　①vv-22RO　②cl-1Y　③pl-19R　④bt-21RO

C 明度に共通性のある類系色調配色　　vv-13V　　C

　①lg-5G　②dl-15P　③bt-9GB　④dp-11B

D 彩度に共通性のある類系色調配色　　dl-19R　　D

　①vv-15P　②cl-17RP　③lg-6G　④pl-21RO

E 明度に共通性のある反対色調配色　　td-8BG　　E

　①vv-10GB　②dp-21RO　③bt-3YG　④vv-1Y

問 39

次の文章の空欄に当てはまる語句を語群より選び解答欄に記入しなさい。

私たちが色を感じるのは、眼が外界の光を感じて脳に情報を送っているからである。眼の構造はカメラの構造に良く似ている。まず、眼の前面の（ A ）で光を屈折させる。いわゆるカメラのレンズにあたり、ほこりが入るのを防ぐ役割りもしている。
（ A ）を通過した光は（ B ）の働きで光の量が調節される。次に（ C ）が厚みを変化させてピントを合わせ（ D ）上に像を結ぶ。（ D ）には（ E ）と（ F ）という視細胞が分布していてカメラの（ G ）に例えられる。（ E ）は暗いところで働き、光の明暗を感知する。（ F ）は明るいところで働き、（ H ）の3つの信号に変える。それらの情報が視神経から大脳に送られ、光を色として感じることができる。眼は、カメラでいうとボディにあたる（ I ）と（ J ）の層で覆われていて、（ I ）は白眼の部分を指し、（ J ）は眼に栄養分を運ぶ役割を果たしている。

A ①強膜　②角膜　③網膜　④瞳孔

B ①角膜　②毛様体　③虹彩　④網膜

C ①角膜　②虹彩　③網膜　④水晶体

D ①強膜　②角膜　③網膜　④脈絡膜

E ①中心窩　②杆体　③毛様体　④錐体

F ①錐体　②杆体　③中心窩　④毛様体

G ①箱　②レンズ　③絞り　④フィルム

H ①赤・緑・青　②赤・黄・緑　③赤・黄・青　④白・灰・黒

I ①強膜　②角膜　③網膜　④脈絡膜

J ①強膜　②角膜　③網膜　④脈絡膜

問 40

次の配色の答として最も適切なものを選び解答欄に記入しなさい。

A 同系色相の類系色調配色となる色　　bt－3YG　　A

①bt－1Y　②bt－3YG　③vv－3YG　④vv－5G

B 類系色相の類系色調配色となる色　　dl－21RO　　B

①lg－23YO　②bt－1Y　③td－19R　④vv－21RO

C 反対色相の類系色調配色となる色　　td－9GB　　C

①dk－23YO　②dl－3YG　③bt－23YO　④dp－11B

D 同系色相の反対色調配色となる色　　dk－19R　　D

①vv－19R　②cl－19R　③pl－21RO　④dk－7BG

E 反対色相の反対色調配色となる色　　dp－7BG　　E

①dk－21RO　②pl－15P　③bt－23YO　④lg－17RP

問 41

次の記述のうち、正しいものを1つ選んで解答欄に記入しなさい。

A
①色相対比は、周囲の色も中の色も面積が小さい方が起こりやすい。
②色相対比は、明度差がある色同士の方が起こりやすい。
③色相対比は、高彩度の色同士の方が起こりやすい。
④色相対比は、低彩度の色同士の方が起こりやすい。

B
①白い台紙上のGy1のカラーチップは、本来のGy1と見えの変化はない。
②白い台紙上のGy1のカラーチップは、本来より明るく見える。
③白い台紙上のGy1のカラーチップは、本来より暗く見える。
④白い台紙上のGy1のカラーチップは、心理補色の影響で色みを帯びる。

C
①色相が接近して見える現象は、対比によるもので同化現象ではない。
②明度が接近して見える現象は、対比によるもので同化現象ではない。
③彩度が離れて見える現象は、同化によるもので対比現象ではない。
④対比・同化現象は、それぞれ色の三属性の全てにおいて変化が見られる。

D
①pl－19RはBkに囲まれると明度対比により暗く見える。
②dl－19Rはlg－19Rに囲まれると彩度対比により鮮やかに見える。
③dp－19RはBkに囲まれると明度対比により暗く見える。
④td－19RはWtに囲まれると彩度対比によりくすんで見える。

E
①vv－13Vはvv－11Bに囲まれるとvv－15Pの色みを帯びる。
②vv－13Vはvv－15Pに囲まれるとvv－19Rの色みを帯びる。
③vv－11Bはvv－13Vに囲まれるとvv－15Pの色みを帯びる。
④vv－15Pはvv－13Vに囲まれるとvv－11Bの色みを帯びる。

問 42

次の記述のうち正しいものには①、誤ったものには②をそれぞれ解答欄に記入しなさい。

A 太陽からの可視光線は様々な波長の光を含んでいるため、空中の水滴に当たることで白色光が分光され虹を見ることができる。

B トマトが赤く見えるのは、トマトの表面で長波長の光を吸収しているからである。

C グラスに注いだ赤ワインが赤く見えるのは、ステンドグラスのように通り抜けて透過した長波長の光が私たちの眼に入るためで、このように感じられる色を透過色という。

D 赤いカーネーションの花束を蛍光灯のもとで見ると、自然光のもとで見たときより花びらの色は鮮やかに見えるが、葉の色はくすんだように見えてしまう。

E 光はナノメートルという波長の単位で表されるが、可視範囲の最も短い波長である400nmあたりの光は紫外線と呼ばれている。

ONE POINT

紫外線は可視光線外の短波長領域を指します。400nm付近の電磁放射は紫色のため、紫外線と呼ばれています。紫外線は、皮膚内のメラニン色素に影響を与え、日焼けのもとになる電磁波です。紫外線の波長は、短くなればなるほど眼の角膜や皮膚などに影響を与えます。

問 43

次の質問の答として最も適切なものを選び解答欄に記入しなさい。

A 「dp－13V」と「vv－13V」の配色はどれか
　①同系色相で類系色調　②類系色相で同系色調
　③類系色相で類系色調　④同系色相で反対色調

B 「dl－1Y」と「cl－3YG」の配色はどれか
　①同系色相で類系色調　②類系色相で同系色調
　③類系色相で類系色調　④類系色相で反対色調

C 「bt－23YO」と「dp－9GB」の配色はどれか
　①反対色相で類系色調　②反対色相で同系色調
　③類系色相で類系色調　④反対色相で反対色調

D 「td－21RO」と「dk－23YO」と「dp－1Y」の配色はどれか
　①低彩度同士の類系色相　②低彩度同士の反対色相
　③低明度同士の反対色相　④低明度同士の類系色相

E 「dk－7BG」と「dl－7BG」と「cl－7BG」の配色はどれか
　①中彩度同士の同系色相　②中彩度同士の類系色相
　③中明度同士の同系色相　④中明度同士の類系色相

問 44

次の文章の空欄に当てはまる語句を語群より選び解答欄に記入しなさい。

A 眼の構造の中で、眼に栄養分を運ぶ層を（　A　）という。
　①強膜　②毛様体　③網膜　④脈絡膜

B 眼の構造の中で、カメラの絞りと同じ役割を果たしている部分を（　B　）という。
　①角膜　②毛様体　③虹彩　④水晶体

C 眼の構造の中で、白眼の部分の（　C　）は光をさえぎる役割である。
　①強膜　②角膜　③網膜　④脈絡膜

D 眼の構造の中では、水晶体を（　D　）という筋肉で引っ張ることにより厚みを変化させてピントを調節している。
　①毛様体　②虹彩　③水晶体　④視軸

E 眼に入った光は、網膜上の（　E　）で像を結んでいる。
　①杆体　②錐体　③中心窩　④視細胞

問 45

次の文章の空欄に当てはまる語句を語群より選び解答欄に記入しなさい。なお、解答の語句は重複しても良い。

CUS®表色系は、配色の調和と（　A　）配色の考え方を同時に取り入れたシステムで、色を色相と（　B　）で表す。CUS®色相環では、黄と青紫、赤と青緑という2組の（　C　）を元に、視覚的に等間隔になるよう色相名をつけている。（　D　）から順に時計回りに番号をつけており、7番目の色相は（　E　）で、15番目の色相は（　F　）である。色の表示方法は、pl－1Yのように（　B　）と色相の記号を組み合わせる。例えば、vv－1Yとvv－13Vを組み合わせた配色は（　G　）色調配色の（　H　）色相配色になる。lg－11Bとtd－9GBを組み合わせた配色は（　I　）色調配色の（　J　）色相配色になる。

①トーン　　　②心理四原色　③物理補色　　④アンダートーン　⑤明度
⑥彩度　　　　⑦色調　　　　⑧自動　　　　⑨ドミナント　　　⑩赤
⑪黄　　　　　⑫青緑　　　　⑬緑青　　　　⑭紫　　　　　　　⑮青紫
⑯心理補色　　⑰同系　　　　⑱類系　　　　⑲反対　　　　　　⑳対向

問 46

次の配色の答として最も適切なものを選び解答欄に記入しなさい。

A ブルーアンダートーンの類系色相配色　　vv-15P　　A

①vv-17RP　②vv-5G　③vv-2Y　④vv-14V

B イエローアンダートーンの反対色相配色　　vv-21RO　　B

①vv-11B　②vv-9GB　③vv-2Y　④vv-3YG

C イエローアンダートーンの類系色相配色　　vv-23YO　　C

①vv-5G　②vv-3YG　③vv-16P　④vv-8BG

D ブルーアンダートーンの反対色相配色　　vv-17RP　　D

①vv-15P　②vv-20R　③vv-6G　④vv-11B

E ブルーアンダートーンの類系色相配色　　vv-7BG　　E

①vv-11B　②vv-2Y　③vv-9GB　④vv-20R

問 47

次の記述のうち、不適切なものを1つ選んで解答欄に記入しなさい。

A
①無彩色は、色の三属性のうち、明度だけを持つ色である。
②有彩色は、色の三属性のうち、色相・明度・彩度の全てを持つ色である。
③無彩色は、色の三属性のうち、色相と明度だけを持つ色である。
④有彩色も無彩色も、明度で表すことができる。

B
①絵の具の赤に白を混ぜると、明度も彩度も高くなる。
②絵の具の黒に白を混ぜると、明度が高くなる。
③絵の具の青に黒を混ぜると、明度も彩度も低くなる。
④絵の具の黄に白を混ぜると、明度は高く、彩度は低くなる。

C
①明度とは、明るさを表す用語である。
②彩度とは、無彩色を表す用語である。
③色相とは、色みを表す用語である。
④色調とは、明度と彩度の属性を表す。

D
①plは、明度は高いが彩度は低く、優しい印象を受ける色調である。
②vvは、彩度が高く、とても鮮やかな印象を受ける色調である。
③dlは、中明度・中彩度のため、地味な印象を受ける色調である。
④lgは、明度も彩度も低いため、暗い印象を受ける色調である。

E
①CUS®色相環は、色みの種類を虹色のように順に違和感なく並べて環にしたものである。
②CUS®色相環では、色の三属性で表す事ができない。
③CUS®色相環には、黄赤という色相名はない。
④CUS®色相環には、茶という色相名はない。

問 48

次の質問の答として最も適切なものを選び解答欄に記入しなさい。

A vvと類系色調配色を作る場合に類系の関係にはならない色調を選びなさい。
①bt ②cl ③dl ④dp

B plと反対色調配色を作る場合に反対の関係にはならない色調を選びなさい。
①lg ②bt ③vv ④dp

C dkと類系色調配色を作る場合に類系の関係にはならない色調を選びなさい。
①td ②dl ③dp ④lg

D clと反対色調配色を作る場合に反対の関係にはならない色調を選びなさい。
①dl ②dp ③dk ④td

E lgと反対色調配色を作る場合に反対の関係にはならない色調を選びなさい。
①bt ②vv ③cl ④dp

F vvと反対色調配色を作る場合に反対の関係にはならない色調を選びなさい。
①dp ②pl ③td ④lg

G dlと類系色調配色を作る場合に類系の関係にはならない色調を選びなさい。
①bt ②vv ③cl ④lg

H btと反対色調配色を作る場合に反対の関係にはならない色調を選びなさい。
①dk ②lg ③vv ④dp

I lgと類系色調配色を作る場合に類系の関係にはならない色調を選びなさい。
①pl ②cl ③dl ④td

J dpと反対色調配色を作る場合に反対の関係にはならない色調を選びなさい。
①cl ②lg ③pl ④dk

問 49

次の記述のうち正しいものには①、誤ったものには②をそれぞれ解答欄に記入しなさい。

A 赤身の刺身にシソの葉を添えるのは、心理補色によってお互いを強調しあう補色対比の効果を利用したもので、色みが変化して見えることから明度対比の一種である。

B vv－21ROの色をvv－1Yの色で周囲を囲むと、vv－21ROは青みを帯びて見える。

C 明度対比や明度による同化は、明るさが変化して見えることからも分かるように白・灰・黒を使った無彩色のみの現象である。

D vv－23YOの色はvv－19Rの色で周囲を囲まれると、vv－23YOはより黄みを帯びて見える。

E 同化現象には、色の三属性の中で色相・明度・彩度のそれぞれに同化現象があるが、色相の同化を起こりやすくするには、互いの色の色相や明度が近い方が良い。

問 50

次の質問の答として最も適切なものを選び解答欄に記入しなさい。

A 「cl−1Y」と「td−3YG」の配色はどれか
　①進出色と後退色の組み合わせ　②暖かい色と冷たい色の組み合わせ
　③軽い色と重い色の組み合わせ　④低彩度色同士の組み合わせ

B 「vv−23YO」と「dp−21RO」の配色はどれか
　①膨張色と収縮色の組み合わせ　②暖色系の色同士の組み合わせ
　③軽い色と重い色の組み合わせ　④有彩色と無彩色の組み合わせ

C 「pl−5G」と「bt−5G」の配色はどれか
　①高彩度色同士の組み合わせ　②中性色同士の組み合わせ
　③膨張色と収縮色の組み合わせ　④柔らかい色と硬い色の組み合わせ

D 「vv−1Y」と「vv−23YO」と「vv−21RO」の配色はどれか
　①引っ込んで見える色の組み合わせ　②寒色系の色の組み合わせ
　③重い色の組み合わせ　④強い色の組み合わせ

E 「vv−11B」と「vv−13V」と「pl−13V」の配色はどれか
　①冷たい色の組み合わせ　②硬い色の組み合わせ
　③軽い色の組み合わせ　④高明度色同士の組み合わせ

問 51

次の配色の答として最も適切なものを選び解答欄に記入しなさい。

A 高明度同士の同系色相で反対色調配色　　pl−5G　　A

①pl−7BG　②cl−17RP　③vv−1Y　④bt−5G

B 中彩度同士の反対色相で類系色調配色　　cl−9GB　　B

①vv−5G　②dl−7BG　③dl−21RO　④lg−1Y

C 低明度同士の類系色相で同系色調配色　　dk−15P　　C

①vv−17RP　②td−1Y　③dp−13V　④dk−11B

D 高彩度同士の反対色相で反対色調配色　　bt−21RO　　D

①vv−19R　②dp−9GB　③dp−1Y　④bt−7BG

E 低彩度同士の同系色相で類系色調配色　　lg−13V　　E

①pl−13V　②dl−23RO　③td−15P　④pl−19R

問 52

次の質問の答として最も適切なものを選び解答欄に記入しなさい。

A　「dl−7BG」と「lg−9GB」の配色内容を表すのはどれか
　　①両方とも中性色の組み合わせである。
　　②両方ともブルーアンダートーンである。
　　③中明度同士の組み合わせである。
　　④反対色相の関係である。

B　「vv−19R」と「pl−5G」の配色内容を表すのはどれか
　　①明度・彩度ともに共通性のない反対色調配色である。
　　②軽く感じる色と重く感じる色の組み合わせである。
　　③両方ともイエローアンダートーンである。
　　④補色配色である。

C　「vv−15P」と「vv−17RP」の配色内容を表すのはどれか
　　①落ち着いた印象の類系色相配色である。
　　②両方ともブルーアンダートーンである。
　　③色相・明度・彩度全てに共通性はあるが、アンダートーンは異なる。
　　④両方とも寒色系と呼ばれる色である。

D　「pl−11B」と「pl−13V」と「pl−15P」の配色内容を表すのはどれか
　　①彩度のグラデーション配色である。
　　②色相のコントラスト配色である。
　　③明度に共通性のある反対色相配色である。
　　④彩度に共通性のある類系色相配色である。

E　「bt−1Y」と「bt−3YG」と「bt−5G」の配色内容を表すのはどれか
　　①彩度に共通性がある反対色相配色である。
　　②明度に共通性があるイエローアンダートーン配色である。
　　③色相のグラデーション配色である。
　　④色相・明度・彩度・アンダートーン全てに共通性がない。

問 53

次の記述のうち正しいものには①、誤ったものには②をそれぞれ解答欄に記入しなさい。

A アンダートーンは、ブルーアンダートーンは寒色系に、イエローアンダートーンは暖色系に分類する。

B ブルーアンダートーンは青みを感じさせる色であり、イエローアンダートーンは黄みを感じさせる色である。

C レモンの黄色も夏みかんの黄色も黄色なのでイエローアンダートーンに分類する。

D ワインレッドの赤は青みを感じるのでブルーアンダートーンに、鳥居の赤は黄みを感じるのでイエローアンダートーンに分類される。

E 黄緑の色相であるYGは緑に黄色が混ざっているので、イエローアンダートーンに、青緑のBGは緑に青色が混ざっているので、ブルーアンダートーンに分類される。

問 54

次の配色の答として最も適切なものを選び解答欄に記入しなさい。

A lg-21ROと明度に共通性があり彩度差のある反対色調配色
　　①vv-9GB　②dl-23YO　③dp-3YG

B td-17RPと明度に共通性があり彩度差のある反対色調配色
　　①bt-11B　②vv-19R　③dp-15P

C bt-5Gと明度に共通性があり彩度差のある反対色調配色
　　①td-19R　②lg-21RO　③pl-7BG

D pl-21ROと彩度に共通性があり明度差のある反対色調配色
　　①dp-23YO　②td-21RO　③bt-9GB

E cl-15Pと彩度に共通性があり明度差のある反対色調配色
　　①td-3YG　②dk-15P　③dp-7BG

問 55

次の記述のうち、正しいものを1つ選んで解答欄に記入しなさい。

A
①網膜上には視細胞がある。
②網膜上には毛様体がある。
③網膜は角膜の一部である。
④網膜はカメラのボディのように全体を覆う層である。

B
①眼球は外側から強膜・角膜・脈絡膜の順に3つの層で覆われている。
②眼球は外側から強膜・網膜・脈絡膜の順に3つの層で覆われている。
③眼球は外側から脈絡膜・強膜・網膜の順に3つの層で覆われている。
④眼球は外側から強膜・脈絡膜・網膜の順に3つの層で覆われている。

C
①眼球は前面から角膜・虹彩・水晶体の順に組織されている。
②眼球は前面から水晶体・瞳孔・虹彩の順に組織されている。
③眼球は前面から強膜・角膜・水晶体の順に組織されている。
④眼球は前面から角膜・水晶体・虹彩の順に組織されている。

D
①眼の中でカメラのレンズの機能を果たしているのは瞳孔である。
②眼の中でカメラのレンズの機能を果たしているのは虹彩である。
③眼の中でカメラのレンズの機能を果たしているのは網膜である。
④眼の中でカメラのレンズの機能を果たしているのは角膜である。

E
①錐体は明るいところで働き、光を赤・緑・黄の信号に変える。
②杆体は暗いところで働き、光を赤・黄・緑・青の信号に変える。
③杆体は暗いところで働き、光を赤・緑・青の信号に変える。
④錐体は明るいところで働き、光を赤・緑・青の信号に変える。

問 56

次の配色の答として最も適切なものを選び解答欄に記入しなさい。

A 同系色相の類系色調配色となる色　　　dl−9GB　　A

①bt−1Y　②bt−3YG　③vv−9GB　④dp−9GB

B 類系色相の類系色調配色となる色　　　cl−21RO　　B

①lg−23YO　②bt−3YG　③td−19R　④pl−1Y

C 反対色相の類系色調配色となる色　　　vv−15P　　C

①dk−1Y　②dl−5G　③bt−21RO　④dp−11B

D 同系色相の反対色調配色となる色　　　dk−15P　　D

①cl−15P　②lg−15P　③dk−5G　④dk−3YG

E 補色の反対色調配色となる色　　　bt−7BG　　E

①pl−19R　②dl−21RO　③td−23YO　④vv−17RP

問 57

次の記述のうち、正しいものを1つ選んで解答欄に記入しなさい。

A
①1Yと8BGはどちらとも暖色系の色である。
②1Yと8BGは同系・類系・反対のどの関係でもない。
③1Yと8BGはアンダートーンが違う色同士である。
④1Yと8BGは心理補色同士である。

B
①3YGと19Rはアンダートーンが同じである。
②3YGと19Rは反対色相の配色である。
③3YGと19Rは同系・類系・反対のどの関係でもない。
④3YGと19Rはどちらとも中性色である。

C
①5Gはイエローアンダートーンの色と配色するとアンダートーンが揃う。
②5Gと18RPはアンダートーンが同じ色同士である。
③5Gと18RPは同系・類系・反対のどの関係でもない。
④5Gは寒色系の色である。

D
①7BGは進出してくるように見える色である。
②7BGはイエローアンダートーンの色と配色するとアンダートーンが揃う。
③7BGと20Rは反対色相の配色で、アンダートーンが違う色同士である。
④7BGと11Bは類系色相の配色で、共にイエローアンダートーンの色である。

E
①9GBと7BGはアンダートーンが同じ色同士である。
②9GBと1Yはアンダートーンが違う色同士である。
③9GBと1Yは反対色相の配色である。
④9GBと7BGは類系色相の配色で、アンダートーンが違う色同士である。

問 58

次の記述の答として最も適切なものを選び解答欄に記入しなさい。

A 中心のvv－13Vが紫の色相に近づいて見える背景色

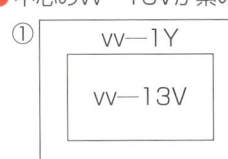

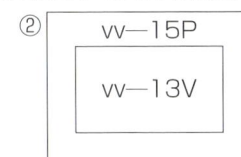

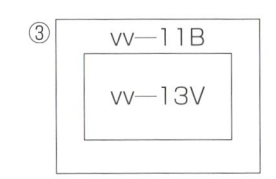

① vv—1Y	② vv—15P	③ vv—11B
vv—13V	vv—13V	vv—13V

B 中心のvv－9GBが青の色相に近づいて見える背景色

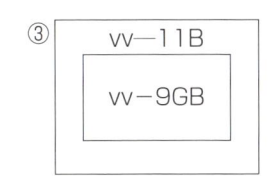

① vv—7BG	② vv—21RO	③ vv—11B
vv—9GB	vv—9GB	vv—9GB

C 中心のvv－17RPが赤の色相に近づいて見える背景色

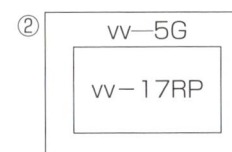

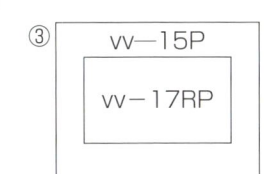

① vv—19R	② vv—5G	③ vv—15P
vv—17RP	vv—17RP	vv—17RP

D 中心にある図の色が本来の色よりも緑みに寄って見える組み合わせ

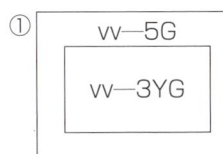

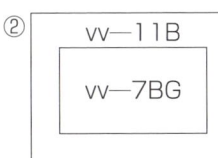

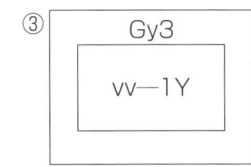

① vv—5G	② vv—11B	③ Gy3
vv—3YG	vv—7BG	vv—1Y

E 中心にある図の色が本来の色よりも黄みに寄って見える組み合わせ

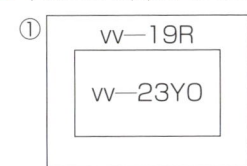

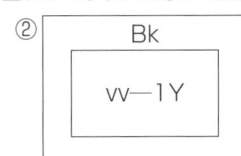

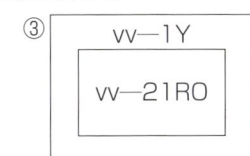

① vv—19R	② Bk	③ vv—1Y
vv—23YO	vv—1Y	vv—21RO

問 59

次の記述のうち正しいものには①、誤ったものには②をそれぞれ解答欄に記入しなさい。

A CUS®では有彩色を明度と彩度の高・低によって17色調に分けているが、実際に配色を考える場合にはそのうちの9色調を使う。

B CUS®では無彩色が5段階あるが、明度の高い方からWt・Gy3・Gy2・Gy1・Bkの順に表している。

C CUS®表色系では同系・類系・反対の配色調和を考えるためのCUS®12色相環と、アンダートーン配色を考えるためのCUS®24色相環があるが、12色相環では12種類の色相名が、24色相環には24種類の色相名がある。

D ひとつの色相をキーカラーにすると、3つの反対色相が存在するが、心理補色になるのはそのうちのひとつの色相だけである。

E CUS®24色相環でアンダートーン配色を考える場合、24の色相番号を分かりやすく分類し、奇数はイエローアンダートーン、偶数はブルーアンダートーンになるように配列している。

問 60

次の記述のうち、不適切なものを1つ選んで解答欄に記入しなさい。

A
①同じアンダートーンで12Bと類系色相なのは7BGだけである。
②同じアンダートーンで12Bと反対色相なのは2Yだけである。
③同じアンダートーンで12Bと同系色相なのは11Bと12Bである。
④同じアンダートーンで12Bと橙系の色相は調和しない。

B
①同じアンダートーンで1Yと同系色相なのは1Yだけである。
②同じアンダートーンで1Yと類系色相なのは23YOだけである。
③同じアンダートーンで1Yと反対色相なのは14Vだけである。
④同じアンダートーンの1Yと9GBの色相は調和しない。

C
①同じアンダートーンで3YGと反対色相なのは14Vだけである。
②同じアンダートーンで4YGと反対色相なのは14Vだけである。
③同じアンダートーンで4YGと反対色相なのは13Vだけである。
④同じアンダートーンで3YGと同系色相なのは3YGと4YGである。

D
①同じアンダートーンで10GBと類系色相なのは14Vだけである。
②同じアンダートーンで10GBと同系色相なのは9GBと10GBである。
③同じアンダートーンで10GBと黄橙と赤橙の色相は全て反対色相である。
④同じアンダートーンの10GBと青の色相は調和しない。

問 61

次の配色の答として最も適切なものを選び解答欄に記入しなさい。

A 高明度同士の類系色相配色となる色　　　　　cl-11B　　A

　　①pl-23YO　②pl-5G　③cl-13V　④cl-1Y

B 軽い色と重い色の同系色相配色となる色　　　pl-21RO　　B

　　①bt-21RO　②pl-1Y　③td-20R　④dk-21RO

C 強い色と弱い色の同系色相配色となる色　　　vv-13V　　C

　　①vv-1Y　②dl-11B　③pl-13V　④dp-13V

D 低彩度同士の反対色調配色となる色　　　　　td-19R　　D

　　①dp-7BG　②pl-7BG　③vv-5G　④lg-9GB

E 暖かい色と冷たい色の反対色調配色となる色　bt-23YO　　E

　　①pl-21RO　②dp-9GB　③vv-5G　④dl-13V

問 62

次の文章の空欄に当てはまる語句を語群より選び解答欄に記入しなさい。

光は電磁波の一種で、人の眼に見えることから（　A　）と呼ばれている。その（　B　）は380nm～780nmで、波長が約380nmあたりの光の色は（　C　）色で、それよりも波長が短い所に（　D　）がある。太陽光のように色みを感じさせない光を（　E　）というが、ニュートンがプリズムを使って発見した太陽光線の中の色の帯を（　F　）という。プリズムに太陽光線が当たると光は（　G　）し、さらに（　H　）してさまざまな色に分かれるが、長波長側の（　I　）色から短波長側の（　C　）色までの、これ以上分けることができないひとつひとつの光を（　J　）という。

①テレビ波　②赤　③黄　④緑　⑤青
⑥青紫　⑦可視光線　⑧紫外線　⑨赤外線　⑩白色光
⑪分光　⑫波長範囲　⑬単色光　⑭スペクトル　⑮反射
⑯吸収　⑰屈折　⑱長波長　⑲メカニズム　⑳透過

問 63

次の記述のうち正しいものには①、誤ったものには②をそれぞれ解答欄に記入しなさい。

A イエローアンダートーン配色で、1Yをキーカラーにした場合、類系色相が多く反対色相はない。

B ブルーアンダートーン配色で、5Gをキーカラーにした場合、類系色相よりも反対色相の方が多いので、反対色相を使ったコントラスト配色の例が多くつくれる。

C ブルーアンダートーン配色で、16Pをキーカラーにした場合、類系色相も反対色相も存在するので統一感をつけたり、変化をつけたりすることができる。

D イエローアンダートーン配色で、21ROをキーカラーにした場合、反対色相は11Bを使うとよい。

E ブルーアンダートーン配色で、17RPをキーカラーにした場合、類系色相によるグラデーションや反対色相によるコントラスト配色ができる。

問 64

次の文章の空欄に当てはまる語句を語群より選び解答欄に記入しなさい。

A 物理学者のニュートンは（ A ）で太陽光を分光できることを発見した。
　①虹　②プリズム　③スペクトル　④ステンドグラス

B 太陽光を分光して現れる虹のような光の帯を（ B ）という。
　①プリズム　②ナノメートル　③ガンマ　④スペクトル

C 人の眼に色として感じられる波長は（ C ）である。
　①350nm〜750nmの範囲　②380nm以下の範囲
　③780 nm以上の範囲　④380nm〜780nmの範囲

D 蛍光灯は（ D ）である。
　①人工光源　②長波長光源　③自然光源　④天然光源

E 色とりどりの花束のどの部分も美しく見せてくれるのは（ E ）の光である。
　①中波長　②白熱灯　③白色光　④透過色

問 65

次の記述のうち、正しいものを1つ選んで解答欄に記入しなさい。

A
①錐体は光を赤・黄・緑の信号に変える働きがある。
②錐体は光を赤・緑・青の信号に変える働きがある。
③錐体は光を赤・黄・緑・青の信号に変える働きがある。
④錐体は光の明暗のみを区別する働きがある。

B
①眼の前面にあってカメラのレンズの働きをしているのは強膜である。
②眼の前面にあってカメラのレンズの働きをしているのは角膜である。
③白眼の部分にあたりカメラのレンズの働きをしているのは角膜である。
④白眼の部分にあたりカメラのレンズの働きをしているのは水晶体である。

C
①光は視細胞によって赤・緑・青・黄の電気信号に変えられ大脳に送られる。
②光は視軸を通って赤・緑・青・黄の電気信号に変えられ大脳に送られる。
③光は視神経を通って赤・緑・青・黄の電気信号に変えられ大脳に送られる。
④光は網膜上で赤・緑・青・黄の電気信号に変えられ大脳に送られる。

D
①毛様体は水晶体を引っ張る筋肉である。
②水晶体はレンズの厚みを変える筋肉である。
③杆体は水晶体の中にあって光の明暗に反応するための筋肉である。
④杆体は光を赤・緑・青・の信号に変え、大脳に送る働きがある。

E
①暗い場所から出たときにまぶしさを感じるのは水晶体の働きによる。
②暗い場所から急に出たときも物体が見えるのは虹彩の働きによる。
③色を見分けることができるのは虹彩の働きによる。
④色を見分けることができるのは錐体の働きによる。

問 66

次の配色の答えとして最も適切なものを選び解答欄に記入しなさい。

A 同じアンダートーンのコントラスト配色　　vv−3YG　　A

①pl−17RP　②cl−16P　③vv−14V　④dp−3YG

B 同じアンダートーンの類系色相配色　　vv−7BG　　B

①pl−4YG　②cl−7BG　③bt−3YG　④vv−5G

C 暖色系の色同士の反対色調配色　　pl−23YO　　C

①vv−5G　②bt−1Y　③lg−17RP　④dp−11B

D 明るい色調同士のコントラスト配色　　bt−17RP　　D

①bt−13V　②vv−19R　③bt−5G　④pl−3YG

E 同じアンダートーンで彩度に共通性のある配色　　vv−5G　　E

①dp−1Y　②dp−14V　③vv−8BG　④vv−19R

問 67

次の記述のうち正しいものには①、誤ったものには②をそれぞれ解答欄に記入しなさい。

A 同じ寒色系の色であるvv−16Pとlg−10GBのうち、vv−16Pはブルーアンダートーンの色で、lg−10GBはイエローアンダートーンの色であるが、vvはlgよりも色みが強いことからvv−16Pの方が冷たい印象を受ける。

B イエローアンダートーンの色は、暖色系の色が多く、黄みを多く含んでいるため、イエローアンダートーンの色であればどの色を組み合わせても進出して見える配色になる。

C btの色調の中でブルーアンダートーン配色を作る場合、ベースに青みを多く含んでいても暗く重い印象にはならない。

D pl−11Bとtd−17RPの色で、見た目が同じ大きさになるように円を描く場合、td−17RPの円をpl−11Bよりも大きく描くのが良い。

E pl−21ROとpl−10GBはどちらもイエローアンダートーンの色で、色調も同じ高明度のplであるが、pl−21ROの方が暖かく柔らかい印象を受ける。

問 68

次の文章の空欄に当てはまる語句を語群より選び解答欄に記入しなさい。

私たちは人と向かい合って話すとき、瞳を見たり口元を見たりするが、パーツだけを見ているわけではなく、肌の色や髪の色、その時着ていた服などを同時に見ている。このように色は単色で見ることはなく、多くの色が同時に目に入ってくる。

髪を黒くカラーリングすると肌の色が明るく見えるのは（ A ）による現象で、リップが派手すぎて口元ばかり目立ち、肌がくすんで見えるのは（ B ）による現象である。例えばvv−5Gの色をvv−11Bで囲むとvv−5Gは（ C ）みを帯びて見える。これは（ D ）という現象で、色相環上でvv−5Gがvv−11Bの（ E ）に近寄ったように見えるためである。この（ D ）の現象が起こりやすいのは、周囲の色に比べて中心の色の面積が（ F ）ほど起こりやすく、互いの色が（ G ）であるほど起こりやすい。この現象を引き起こす（ E ）は、あるはずのない（ H ）が眼の生理作用から見えてくる（ I ）現象から見えた色のことで、例えば赤色を見つづけた後に何もない場所に眼を移したときには（ J ）色が見えてくるような現象をいう。

①青緑　　②黄　　　③橙　　　④赤　　　⑤青
⑥青紫　　⑦色相対比　⑧明度対比　⑨彩度対比　⑩補色
⑪心理補色　⑫補色残像　⑬大きい　⑭小さい　⑮有彩色
⑯無彩色　⑰低明度　⑱低彩度　⑲高彩度　⑳中性色

第3章

色彩とファッション

ファッション概論
ブライダルと色彩

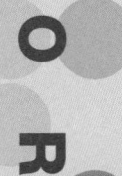

問 01

次の記述のうち間違っているものを選びなさい。

A
①ツーピースは古代ローマ人が用いていた。
②ツーピースは中世の服飾文化に影響を与えた。
③ツーピースは体形に合わせて機能的につくられている。
④ツーピースはゲルマン人の文化から生まれた。

B
①中世では、華麗な装飾美の貴族趣味が始まった。
②バロック時代の女性のスカートは、後部がふくらむなど、誇張が目立った。
③18世紀の上流階級の服装はロココ風と呼ばれていた。
④ルイ16世の時代に流行の中心にいたのは王妃ウージェニーである。

C
①フレデリック・シャルト・ウォルトの作品は、刺繍とレースを使った高級服が基本だった。
②フレデリック・シャルト・ウォルトは「モードの王様」と呼ばれていた。
③フレデリック・シャルト・ウォルトはプレタ・ポルテを始めた。
④フレデリック・シャルト・ウォルトは年4回コレクションを開催した。

D
①第一次世界大戦の頃は、女性のスカート丈はふくらはぎがのぞくほどだった。
②1953年に日本でシャネルのファッションショーが開かれた。
③日本で本格的に洋服が大衆化したのは昭和に入ってからである。
④1960年代になると、これまでの既製服のイメージがファッション性の高いものへ一新した。

E
①今では、流行の発信はパリだけでなく、あらゆるところから発信さてれている。
②映画「君の名は」での「真知子巻き」は、日本におけるオート・クチュールの第一号である。
③ファッションを考察する上で、社会と服飾の歴史を深く知ることはとても大切である。
④1960年代以降、パンタロンやミニスカートが大流行した。

問 02

次の文章の空欄に当てはまる語句を語群より選び解答欄に記入しなさい。

今日、海外でも花嫁が着るウエディングドレスは、日本の（ A ）と同じ色である。ウエディングドレスで身を包むようになったのは、イギリスの（ B ）が結婚式で着用したのが始まりといわれている。それまでの結婚式のドレスは、（ C ）。また、中世以降の花嫁が（ D ）を身につけるようになったのは、（ E ）であったといわれている。

A ①白無垢　②黒留袖　③青振袖　④赤打掛

B ①エリザベス女王　②ヴィクトリア女王
　　③ポンパドール婦人　④マリー・アントワネット王妃

C ①淡い色を選んでいた　②深い色を選んでいた
　　③2色づかいであった　④色に決まりはなかった

D ①花　②手袋　③ベール　④リボン

E ①純粋な気持ちを表現するため　②多くの人との縁をつなぐため
　　③悪魔や好奇の目から身を守るため　④体を保護するため

> **ONE POINT**
>
> ウエディングケーキの歴史は、ドレスよりも古く、古代ギリシャ時代にロードス島で作られた香料入りのケーキが、その始まりだとされています。

問 03

次の文章の空欄に当てはまる語句を語群より選び解答欄に記入しなさい。

ファッションとは、社会の移り変わりやその時の流行の中で自分らしい表現をすることであり、色は、ファッションを考える上で大きな役割がある。
2色以上の色を組み合せることによって新たな色の効果をつくり出すことを（　A　）というが、その色の組み合わせには一定のルールがある。例えば色みでまとめることを（　B　）といい、メリハリをもたせることを（　C　）という。パーソナルカラーで用いる（　D　）では（　E　）の配色を活用することができる。

A ①混色　②配色　③色調　④補色

B ①対比　②混合　③同調　④統一

C ①変形　②変化　③異質　④拡張

D ①マンセル　②PCCS　③CUS®　④CMY

E ①同一・類似・補色　②同一・類似・反対
　　③同系・近似・反対　④同系・類系・反対

問 04

次の配色の答として最も適切なものを選び解答欄に記入しなさい。

A 「ロマンティック」をイメージする配色・・・「cl-17RP・（　A　）・cl-19R」
　　①vv-19R　②pl-19R　③dk-19R　④cl-11B

B 「モダン」をイメージする配色・・・「BK・（　B　）・Gy1」
　　①vv-11B　②td-11B　③dp-23YO　④pl-11B

C 「ナチュラル」をイメージする配色・・・「dl-3YG・（　C　）・dk-23YO」
　　①lg-1Y　②vv-1Y　③cl-16P　④bt-11B

D 「ドラマティック」をイメージする配色・・・「vv-15V・（　D　）・vv-2Y」
　　①vv-21RO　②dk-21RO　③Wt　④BK

問 05

次の記述のうち、正しいものを1つ選んで解答欄に記入しなさい。

A
①都会的で小粋なイメージは「ダンディ」である。
②大胆で個性的なイメージは「キュート」である。
③夢見るような甘くてやわらかなイメージは「ロマンティック」である。
④セクシーで魅力的なイメージは「シック」である。

B
①エネルギッシュで活動的なイメージは「ドラマティック」である。
②豪華で華やかなイメージは「ゴージャス」である。
③優雅で上品なイメージは「カジュアル」である。
④素朴、自然で構えないイメージは「フォーマル」である。

C
①無駄がなく飾り気がないイメージは「モダン」である。
②メンズライクでハードなイメージは「スポーティ」である。
③機能的で活動的なイメージは「フォーマル」である。
④ベーシックで上質なイメージは「クラシック」である。

D
①重厚で古典的なイメージは「モダン」である。
②楽しく飾り気のないイメージは「カジュアル」である。
③飾り気のないすっきりしたイメージは「ドラマティック」である。
④保守的で気品のあるイメージは「キュート」である。

E
①シャープで正統派のイメージは「フォーマル」である。
②強烈で印象的なイメージは「シンプル」である。
③知的で品の良いイメージは「プリティ」である。
④無邪気で可愛いイメージは「ダンディ」である。

問 06

次の文章の空欄に当てはまる語句を語群より選び解答欄に記入しなさい。

日本では、（　A　）が伝統とされてきたが、結婚式の歴史はさほど古くはなく、1900年に行われた皇太子のご婚儀が始まりといわれている。（　B　）には、今のような挙式や披露宴はなかった。

日本の一般社会で婚礼らしきものが始まったのは、（　C　）の中ごろである。婚礼は新婦の家で行われ「（　D　）」といわれていた。また、この時代から（　E　）が尊ばれている。

A ①仏前での結婚式　②教会での結婚式
　　③神前での結婚式　④人前での結婚式

B ①明治時代以前　②大正時代　③昭和時代　④平成の初期

C ①奈良時代　②平安時代　③室町時代　④江戸時代

D ①十三夜の餅　②三日夜の餅　③十日夜の餅　④十五夜の餅

E ①銀色　②青色　③金色　④白色

ONE POINT

挙式と披露宴を同じ場所で行うようになったのは、大正時代にホテルに神前挙式場が誕生してからです。その後、昭和初期には総合結婚式場が誕生し、第二次大戦後しばらくしてからは、教会で挙式が行われるようになり、現在の多様なスタイルへと発展します。

問 07

次の文章の空欄に当てはまる語句を語群より選び解答欄に記入しなさい。

現代社会では生活の移り変わりが速く、個性や自己表現を重んじるようになった。そのもっとも身近なものがファッションである。ファッションの語源は（ A ）の「fac-tio」に由来し、人間の（ B ）行為という意味がある。
現在は本来の意味から離れ、美しい装いやおしゃれに生活することを「（ C ）」や「ファッション表現」などと使われることがあるくらい、幅広い意味をもっている。（ D ）は自己表現としてのコーディネートやステータスとしてもファッションを楽しめる時代になった。

A ①英語　②ラテン語　③イタリア語　④フランス語

B ①創造　②流行　③記憶　④虚位

C ①ディティール　②ライフスタイル　③ファッションセンス　④ステージライフ

D ①つくり手・送り手　②消費者　③マーチャンダイザー　④接客者

問 08

次の質問の答として最も適切なものを選び解答欄に記入しなさい。

A「エレガント」をイメージさせない言葉はどれか
　　①女性的　②おだやかな　③洒落た　④素朴な

B「プリティ」をイメージする言葉はどれか
　　①渋い　②上品な　③無邪気な　④保守的な

C「アクティブ」をイメージする言葉はどれか
　　①すっきりした　②活動的な　③上品な　④固い

D「クラッシック」をイメージさせない言葉はどれか
　　①華麗な　②重厚な　③古典的な　④落ち着いた

問 09

次の記述のうち正しいものには①、誤ったものには②をそれぞれ解答欄に記入しなさい。

A 配色とは、色同士を上手く組み合わせることによって新たな色の効果を生み出すことである。調和がとれた配色の基本的な法則として「統一」と「変化」の2つがある。

B 配色の法則である「同化」と「変化」の同化とは、色を一定の法則に従ってまとめることであり、変化とは、同じ色相だけを配色によってより際立たせるものである。

C 反対色相を組合せることで、変化をつけた配色がグラデーションである。

D 配色に変化をもたせる方法には、コントラストがある。これは、色をリズミカルに変化させながら並べるものである。

E アクセントには、「強調」という意味がある。単調な配色や色相差の少ない配色に、反対の色をわずかに加えることによって、全体を引き締める方法である。

ONE POINT

衣料品などのディスプレイでは、グラデーション配色が良く使われます。1種類の品物で色のバリエーションが多いときに、色にリズムをつけて、まとまりを見せるテクニックです。色相環も実は、色相のグラデーションです。

問 10

次の文章の空欄に当てはまる語句を語群より選び解答欄に記入しなさい。

ブライダルシーンにおいても、色の（ A ）で配色バランスを取りながら全体の調和を考えることが大切である。つまりドレスやブーケ、会場のディスプレイに至るまで、トータルに色の組み合わせを考えてカラーコーディネートすることで、最高の時間と空間が演出できる。
色彩調和の中でも色の温もり感を意識した（ B ）配色の場合、（ C ）のdl-21ROとlg-21ROによる配色では「シック」なイメージを作ることができ、類系色相の（ D ）の配色でまとめると「カジュアル」なイメージになる。また、反対色相の（ E ）の配色で「ロマンティック」なイメージを作ることができる。

A ①三次元　②三原色　③三属性　④三等分

B ①イエローアンダートーン　②ブルーアンダートーン
　　③カラーコーディネート　④ドミナントトーン

C ①反対色相　②類系色相　③同系色相　④中間色相

D ①vv-1Yとvv-13V　②cl-1Yとbt-3YG
　　③pl-5Gとcl-7BG　④lg-23YOとdk-21RO

E ①pl-21ROとpl-17RP　②vv-11Bとdl-11B
　　③cl-1Yとbt-3YG　④pl-21ROとpl-9GB

問 11

次の記述のうち正しいものには①、誤ったものには②をそれぞれ解答欄に記入しなさい。

A 「クラシック」は、流行に左右されず、落ち着きや重厚な感じを与える配色でまとめると良い。dkの色調の色にグレーを加えると落ち着いたイメージになる。

B 「ダンディ」は優雅でクールなイメージがある。無彩色の中に、明度のグラデーションで華やかさを持たせる。

C 「ゴージャス」は、豪華で華やかなイメージである。色調はdpやdkを使い、反対色相配色をすると良い。

D 「カジュアル」ははずむようなイメージで、親しみやすさや楽しさを演出する配色でまとめる。色調はvvなどを使い反対色相配色にすると良い。

E 「シック」は、シャープで正統派のイメージがある。色調はすっきりしたclやvvを使って同系色相配色にすると良い。

問 12

次の記述のうち正しいものには①、誤ったものには②をそれぞれ解答欄に記入しなさい。

A 日本の伝統的な結婚式は、仏前での結婚式である。花嫁の衣裳で代表的なものは白無垢だが、庶民の場合は、戦前までは黒無地の振袖か留袖であった。

B 今日の披露宴での「お色直し」は、平安時代に新婦の家で婚礼が三日三晩続いた後、四日目に白無垢から赤地の着物に着替える習慣があったことからきている。

C 平安時代の中ごろからはじまった婚礼は「三日夜の餅」といわれていたが、鎌倉時代になると、新婦の家で三々九度の杯をかわすようになった。

D 日本では、古くから白は尊いものとして、婚礼にも使われていた。日本の婚礼の色は白と赤である。

問 13

次の文章の空欄に当てはまる語句を語群より選び解答欄に記入しなさい。

店舗のディスプレイで良く用いられる配色テクニックで、色を段階的に変化させることによって美しいまとまりを与える方法がある。これを（　A　）という。「ぼかし」という日本古来の染色技法も（　A　）の一種であり、これは（　B　）の配色テクニックである。アンダートーン配色では、色をブルーアンダートーンとイエローアンダートーンに分類して考えるが、イエローアンダートーンでの（　A　）の配色例は（　C　）である。

また、配色全体に動きをもたせ、色相や（　D　）、彩度が対照的な色同士を組み合わせる配色テクニックを（　E　）という。これは組み合わせる色同士の面積が、同じであるとバランスがとりにくいことがある。

A ①セパレーション　②アクセント　③グラデーション　④コントラスト

B ①変化　②同化　③反対　④統一

C ①pl-7BG・cl-7BG・bt-7BG　②pl-21RO・cl-1Y・bt-3YG
　　③pl-5G・vv-9GB・cl-1Y　④vv-13V・bt-2Y・vv-15P

D ①色調　②色別　③色域　④明度

E ①セパレーション　②グラデーション　③コンプレックス　④コントラスト

問 14

次の配色に最も適したイメージを選び解答欄に記入しなさい。

A | pl−19R | cl−17RP | pl−17RP |

①「スポーティ」　②「クラシック」　③「ロマンティック」　④「ダンディ」

B | vv−5G | vv−17RP | Bk |

①「ドラマティック」　②「キュート」　③「シンプル」　④「エレガント」

C | dp−11B | Gy3 | dk−11B |

①「ナチュラル」　②「ダンディ」　③「カジュアル」　④「キュート」

D | Gy1 | Wt | Gy3 |

①「カジュアル」　②「ゴージャス」　③「フォーマル」　④「プリティ」

E | lg−23YO | dl−23YO | dk−1Y |

①「ロマンティック」　②「エレガント」　③「アクティブ」　④「ナチュラル」

106

問 15

次の文章の空欄に当てはまる語句を語群より選び解答欄に記入しなさい。

ブライダルにおいても、（ A ）を決めることにより全体的なまとまりのある演出をすることができる。もし、ブルーアンダートーンで、さわやかな青空のイメージをシンプルにまとめようとするなら、（ B ）配色にすると良い。その配色例は（ C ）である。また、主役の花嫁にふさわしいエレガントなイメージにまとめようとするなら（ D ）配色にすると良い。その配色例は、cl−11B・bt−13V・bt−15Pである。

A ①コントラストカラー　②バランスカラー
　　③スペシャルカラー　④テーマカラー

B ①補色色相　②同系色相　③対照色相　④反対色相

C ①pl−11B・cl−11B・bt−11B　②pl−13V・cl−13V・bt−9GB
　　③pl−14V・cl−14V・bt−9B　④pl−23YO・cl−15P・bt−15P

D ①類系色相　②反対色相　③同系色相　④反対色調

問 16

次の記述のうち正しいものには①、誤ったものには②をそれぞれ解答欄に記入しなさい。

A 英語の「fashion」の語源は、ラテン語の「factio」からきている。英語では、「作法」「形づくる」という意味があるが、この言葉が入ってきた当時の日本では、「流行」という意味に解されていた。

B 今日のモード界の基礎を築いたのは、ココ・シャネルである。アトリエ経営や専属マヌカンの起用、年4回のコレクション開催といった、経営と創作の一体化を図った。

C 18世紀には、上流階級の服装は機能美よりも優雅さをもったバロック風というデザインに変わっていった。当時ヨーロッパの流行の中心は、フランス宮廷であった。

D 1960年代になり、これまでの既製服のイメージが一新され、オート・クチュールによってファッションが大衆に浸透していった。

問 17

次の質問の答として最も適切なものを選び解答欄に記入しなさい。

A アクセントを説明している文章はどれか
　①「強調」という意味があり、配色全体を引き締める色である。
　②「強調」という意味があり、段階的に色が変化することである。
　③「強調」という意味があり、一定の法則によって反復、連続、変化が起こる色彩構成のことである。
　④「強調」という意味があり、配色全体を共通の強さに合わせることである。

B コントラストを説明している文章はどれか
　①色相や明度・彩度を同系で配色する。
　②無彩色の白と黒を組み合わせる配色で、有彩色は使わない。
　③色相や色調が対照的な色同士を組み合わせた配色である。
　④vividなど鮮やかな色同士の類系色相配色である。

C グラデーションを説明している文章はどれか
　①コントラストと同じく「統一」の配色テクニックである。
　②アクセントと同じく「変化」の配色テクニックである。
　③グラデーションの一種として「ほかし」という染色技法がある。
　④色を段階的にリズミカルに変化させない方法である。

D 「統一」の配色となるのはどれか
　①反対色相や反対色調でまとめる配色
　②同系色相、反対色調でまとめる配色
　③類系色相や類系色調でまとめる配色
　④反対色相、同系色調でまとめる配色

E 「変化」の説明で正しいものはどれか
　①色の違いをより際立たせる配色テクニックで、グラデーションがある。
　②色の違いをより強調させる配色テクニックで、ダイナミックがある。
　③色の違いをより強調させる配色テクニックで、同系・類系の配色がある。
　④色の違いをより際立たせる配色テクニックで、アクセントとコントラストがある。

問18

次の文章の空欄に当てはまる語句を語群より選び解答欄に記入しなさい。

配色とは2色以上の色をバランス良く組み合わせて調和を生み出すことだが、統一と変化を考えて配色する必要がある。統一感のある配色としては、pl-1Yと（ A ）による同系色相配色、vv-13Vと（ B ）の類系色相配色、（ C ）とpl-17RPの同系色調配色、bt-23YOと（ D ）による類系色調配色などがあり、ともに色相や色調に共通性を持たせた配色である。

また、（ E ）とvv-9GBの反対色相配色、pl-3YGと（ F ）による反対色調配色は、変化をつけたい配色のときに有効である。その他の配色テクニックとしては、色をリズミカルに変化させながら統一感を出すグラデーション配色があり、その中にはvv-1Y・（ G ）・vv-21RO・vv-19Rのような色相のグラデーション、（ H ）・cl-3YG・bt-3YG・vv-3YGのような色調のグラデーションがある。

また、対照的な色相や色調で変化をつけて全体を引き締めるテクニックとしてはコントラスト配色がある。例えば、vv-19Rと（ I ）は色相で、（ J ）とpl-17RPは色調で変化をつけて動きを出し、ダイナミックな効果をもたらす。

- **A** ①cl-3YG ②dl-15P ③lg-23YO ④cl-1Y
- **B** ①vv-11B ②cl-13V ③vv-19R ④bt-1Y
- **C** ①dl-17RP ②bt-19R ③pl-19R ④cl-7BG
- **D** ①dl-3YG ②td-23YO ③pl-13V ④vv-21RO
- **E** ①vv-21RO ②vv-15P ③dk-9GB ④cl-13V
- **F** ①pl-9GB ②vv-23YO ③lg-11B ④cl-13V
- **G** ①vv-23YO ②cl-20R ③pl-3YG ④vv-13V
- **H** ①vv-19R ②bt-19R ③pl-3YG ④dk-3YG
- **I** ①vv-5G ②vv-7BG ③cl-17RP ④cl-23YO
- **J** ①dl-17RP ②pl-5G ③cl-9GB ④vv-19R

問 19

次の文章の空欄に当てはまる語句を語群より選び解答欄に記入しなさい。

ファッションカラーコーディネートでは、配色でイメージを伝えることが多い。例えば、中低明度・中低彩度の（ A ）色調による類系色相配色にすると（ B ）や（ C ）などのファッションイメージが思い浮かぶが、選ぶ色相や色調でそのイメージ内容は異なる。例えば、（ B ）は素朴でのびのびとした気取りのないイメージ、（ C ）は都会的で小粋なイメージとなる。また中明度であっても暖色系の（ D ）で反対色相配色にすると、（ E ）な感じになる。

A ①淡い　②鮮やかな　③明るい　④落ち着いた

B ①「カジュアル」　②「モダン」　③「ナチュラル」　④「ダンディ」

C ①「キュート」　②「アクティブ」　③「シック」　④「ゴージャス」

D ①暗い色調　②優しい色調　③鮮やかな色調　④地味な色調

E ①「ナチュラル」　②「シック」　③「カジュアル」　④「ロマンティック」

問 20

次の文章の空欄に当てはまる語句を語群より選び解答欄に記入しなさい。

配色の考え方は、（ A ）と（ B ）の2つに分けることができる。このうち、色を一定の法則に従ってまとめるのではなく、色の違いを際立たせる方法が（ B ）である。この配色としては（ C ）や（ D ）がある。（ C ）は（ E ）という意味で、わずかな色で全体を引き締める効果がある。

A ①同調　②統一　③補色　④変化

B ①変化　②統一　③統合　④調和

C ①アクセント　②グラデーション　③コントラスト　④バランス

D ①バランス　②コントラスト　③グラデーション　④アクセント

E ①強調　②同調　③反復　④諧調

問21

次の質問の答として最も適切なものを選び解答欄に記入しなさい。

A ゲルマン人が、体形に合わせて着ていた機能的な服はどれか
　　①ワンピース　②ツーピース　③オーバーオール　④ズボン

B バロック時代はどんな服装だったか
　　①男性のズボンは短くなり、女性のスカートはシンプルになった。
　　②男性のズボンは短くなり、女性のスカートは誇張が目立つようになった。
　　③男性のズボンは長くなり、女性のスカートは短くなった。
　　④男性のズボンは長くなり、女性のスカートは機能的になった。

C フレデリック・シャルル・ウォルトが手掛けた高級服はどのようなものか
　　①刺繍やレースを使ったもの
　　②最新の流行を取り入れたニューヨークスタイル
　　③その人の体形に合わせた機能的なドレス
　　④シャープで洗練されたスーツ

D フレデリック・シャルル・ウォルトが始めたものではないものはどれか
　　①年4回のコレクション　②アトリエ経営
　　③専属マヌカンの起用　④パンタロンの発表

E ファッションの世界で1960年代にパリから発信されたものはどれか
　　①ポップアート　②シネモード
　　③オート・クチュール　④プレタ・ポルテ

問 22

次の質問の答として最も適切なものを選び解答欄に記入しなさい。

A ヴィクトリア女王の結婚式以前の結婚衣裳はどのようなものであったか
①上質なドレスで色に決まりがあった。
②上質なドレスで色に決まりはなかった。
③上質なドレスでアクセサリーは身につけなかった。
④純白のドレスにパールをあしらっていた。

B 花嫁がベールを身につけるようになった時代はいつ頃からか
①ルネッサンス時代　②中世　③19世紀　④ローマ時代

C 日本における婚礼の始まりはどれか
①「三日夜の餅」といわれ、婚礼は新婦の家で行われた。
②「三日夜の餅」といわれ、婚礼は新郎の家で行われた。
③「四日夜の餅」といわれ、婚礼は新郎の家で行われた。
④「七日夜の餅」といわれ、婚礼は新婦の家で行われた。

D 日本における古くからの婚礼色は何色か
①白と黒　②白と金　③白と赤　④白と青

E 日本で、庶民が戦前まで着ていた結婚衣裳はどれか
①白無垢　②赤地の着物
③総柄の振袖　④裾に模様が入った黒の振袖や留袖

第4章

パーソナルカラー

パーソナルカラー
パーソナルカラーの特徴

問 01

次の文章の空欄に当てはまる語句を語群より選び解答欄に記入しなさい。

人に出会ったときの第一印象は、性別、年齢、ファッション、メイクなどで判断しており、これらは（ A ）からの情報が大部分である。
その中でも第一印象で良いイメージを与える決め手のひとつは（ B ）といえる。
（ B ）は、その人を表現するメッセージであり、そこに使われている（ C ）も自分自身のメッセージである。すなわち、（ D ）とはその人の魅力を最大限に引き出すもので、コミュニケーションの有効な手段のひとつとなる。その（ D ）を見つけるのが（ E ）診断であり、それを活かす事で自分自身をより魅力的に表現できる。

A ①触覚　②聴覚　③視覚　④嗅覚

B ①髪型　②ファッション　③姿勢　④声

C ①香り　②声　③色　④表情

D ①良い香り　②魅力的な声　③似合う色　④生き生きした表情

E ①トータルカラー　②パーソナルカラー
　　③コミュニケーションカラー　④ファッションカラー

ONE POINT

第一印象は「VISUAL（見た目）」に左右されることが一番多く、次いで「VOICE（声）」「VERBAL（話の内容）」という研究結果があり、これは「3V理論」と呼ばれています。それぞれの度合いについては諸説あります。

問 02

次の文章の空欄に当てはまる語句を語群より選び解答欄に記入しなさい。

パーソナルカラーを知るには、まずその人の髪、瞳、肌の色の特徴が、ブルーアンダートーンとイエローアンダートーンのどちらに分類できるのかを調べる。そして、色の三属性である（ A ）を分析することによって4つの（ B ）のうち、どれに当てはまるのかを診断する。
ブルーアンダートーンの中で、ソフトで落ち着きを感じるのが（ C ）で、ハードで華やかさを感じるのが（ D ）である。また、イエローアンダートーンでハードで落ち着きがあるのは（ E ）である。

A ①色相・暗度・彩度　②色相・明度・彩度
　　③色相・暗度・色調　④色相・明度・色調

B ①キーカラー　②トータルカラー　③シーズンカラー　④アソートカラー

C ①ブリリアントウインター　②パステルウインター
　　③ブリリアントサマー　④パステルサマー

D ①パステルサマー　②ブリリアントウインター
　　③パステルウインター　④ブリリアントサマー

E ①ディープオータム　②ディープスプリング
　　③ブライトオータム　④ブリリアントスプリング

問 03

次の文章の空欄に当てはまる語句を語群より選び解答欄に記入しなさい。

人間の肌色を決める要素は、皮膚の色素量以外にも考えられる。
目の下のクマやまぶたの腫れ、顔色が暗く感じるのは、（ A ）が少ないためである。
（ A ）の低下は、（ B ）にも影響していて、（ C ）になることがある。
（ D ）も肌色の明暗に影響がある。（ D ）は成人で体重の（ E ）、生まれたばかりの赤ちゃんは体重の約80パーセントもあるので、赤ちゃんの肌はまぶしく見えるのである。

A ①皮膚の皮脂量　②皮膚の血流量　③皮膚の酸素量　④皮膚の水分量

B ①加齢　②日焼け　③栄養不足　④運動不足

C ①明るい色目や赤色っぽい感じ　②明るい色目や青色っぽい感じ
　　③暗い色目や黄色っぽい感じ　④暗い色目や白色っぽい感じ

D ①血流量　②水分量　③色素量　④肺活量

E ①4分の1　②半分　③3分の2　④3分の1

! ONE POINT

皮膚の色素はメラニンといい、皮膚細胞で作られます。一般に色素の変化は体の健康には影響しませんが、心理的なストレスを起こすことがあります。

問 04

次の文章の空欄に当てはまる語句を語群より選び解答欄に記入しなさい。

パーソナルカラーにおいては、その人の肌・瞳・髪などの特徴によってアンダートーンを、（　A　）アンダートーンと（　B　）アンダートーンに分けている。その人のもつ肌、瞳、髪などの基本の色に合うアンダートーンを導き出すことで、その人の魅力を最大限に活かすことができる。

パーソナルカラーは、（　C　）表色系に基づき（　D　）という配色調和の考え方とアンダートーン配色の考え方を取り入れ、（　E　）アンダートーン同士の配色は美しく調和するとしている。

A ①ディープ　②ピュア　③ソフト　④ブルー

B ①イエロー　②ハード　③ブライト　④パステル

C ①PCCS　②JIS　③マンセル　④CUS®

D ①同系・異系・反対　②同系・類系・反対
　　③同一・類似・対比　④同一・類似・補色

E ①反対の　②同じ　③純色の　④補色の

ONE POINT

その人の「似合う色」を引き出す「自分色」のことをパーソナルカラーといいます。自分の顔の近くに似合う色をもってくると、肌や表情が輝いて見えます。

問 05

次の記述のうち、正しいものを1つ選んで解答欄に記入しなさい。

A
① ラベンダーやパウダーピンクはパステルサマーのシーズンカラーである。
② アイシーピンクやロイヤルブルーはブライトスプリングのシーズンカラーである。
③ ピュアーホワイトやブラックはディープオータムのシーズンカラーである。
④ イエローグリーンやダークトマトレッドはブリリアントウインターのシーズンカラーである。

B
① パステルサマーの色は、イエローアンダートーンでソフトで華やかさが感じられる。
② ディープオータムの色は、ブルーアンダートーンでハードで落ち着きが感じられる。
③ ブリリアントウインターの色は、イエローアンダートーンでソフトで落ち着きが感じられる。
④ ブライトスプリングの色は、イエローアンダートーンでソフトで華やかさが感じられる。

C
① ディープオータムの人のルージュはローズピンクが適している。
② ブリリアントウインターの人のファンデーションはアイボリーが適している。
③ パステルサマーの人のヘアカラーは明るい茶色やオリーブ系が適している。
④ ブライトスプリングの人のバックや靴は明るい色調のものが適している。

D
① 中・高明度で低・中彩度の色調が似合い、オレンジ系やブラウン系が多いのはブリリアントウインターの特徴である。
② 中明度で高彩度や高明度で低彩度の色調が似合い、オレンジ系やグリーン系が少ないのはブライトスプリングの特徴である。
③ 低・中明度で低・中・高彩度の色調が似合い、ブルー系が少ないのは、ディープオータムの色の特徴である。
④ 低・中明度で低・中・高彩度の色調が似合い、グレー、ピンク系が少ないのはパステルサマーの色の特徴である。

問 06

次の文章の空欄に当てはまる語句を語群より選び解答欄に記入しなさい。

ディープオータムの色には、（　A　）色が多く集まっていて、（　B　）の色相が多く、（　C　）の色相が少ない。似合う色の明度は、（　D　）のブロックだが、彩度は（　E　）のブロックにあるのが特徴である。

A ①浅く落ち着いた　②深く落ち着いた　③明るく鮮やかな　④暗く地味な

B ①オレンジ系　②無彩色　③ピンク系　④レッド系

C ①グリーン系　②ブラウン系　③ブルー系　④イエロー系

D ①低明度　②高明度　③低〜中明度　④中〜高明度

E ①低彩度　②中彩度　③高彩度　④すべて

問 07

次の文章の空欄に当てはまる語句を語群より選び解答欄に記入しなさい。

人間の皮膚構造のうち、表皮の下にある（　A　）は厚い層でできており、その成分のほとんどは（　B　）の（　C　）などである。これは主に私たちの肌にハリと弾力性をもたらす。また、（　A　）にある（　D　）が、肌の赤みを作るが、ここでは（　E　）ができないため、食生活など体の内側から補うことが必要である。

A ①基底　②真皮　③皮膚　④皮下組織

B ①タンパク質　②脂質　③糖質　④ミネラル

C ①キューティクル　②ターンオーバー　③コラーゲン　④コルテックス

D ①メラニン生成細胞　②リンパ管　③毛細血管　④色素細胞

E ①水分補給　②酵素生成　③酵素補給　④栄養補給

問 08

次の質問の答えとして最も適切なものを選び解答欄に記入しなさい。

A パステルサマーのイメージはどれか
①ハードで華やか　②ソフトで華やか
③ソフトで落ち着き　④ハードで落ち着き

B ディープオータムのイメージはどれか
①ハードで華やか　②ソフトで落ち着き
③ソフトで華やか　④ハードで落ち着き

C CUS®の配色理論はどれか
①異なるアンダートーン同士の色は調和する。
②同じアンダートーン同士の色は調和する。
③同じ色相で色調同士の色は調和する。
④すべてのアンダートーン同士の色は調和する。

D ブルーアンダートーンに分類されるシーズンカラーはどれか
①パステルサマーとブライトスプリング
②パステルサマーとブリリアントウインター
③ブライトスプリングとディープオータム
④ブライトスプリングとブリリアントウインター

E パーソナルカラーにおけるシーズンカラーの分類はいくつか
①2　②3　③4　④8

問 09

次の文章の空欄に当てはまる語句を語群より選び解答欄に記入しなさい。

肌と同じように、髪の色を決めるのはメラニン色素である。メラニン色素は、（ A ）がチロシナーゼにより酸化複合してつくられる。
メラニン色素は、黒褐色の（ B ）と（ C ）のフェオメラニンという2種類がある。（ B ）は、水に溶けない色素だが、（ D ）の溶液には少し溶ける性質がある。ブリーチは（ E ）を強い酸化力によって分解させ、髪の色を明るくしている。

A ①タンパク質　②アミノ酸　③ミネラル　④脂肪

B ①真メラニン　②亜メラニン　③メラノサイト　④アイメラニン

C ①黄赤色　②黄褐色　③赤褐色　④黄色

D ①強酸性　②弱酸性　③強アルカリ性　④弱アルカリ性

E ①メジュラ　②ヘモグロビン　③メラニン色素　④コラーゲン

ONE POINT

肌の色は人種によって違います。これは表皮にある色素細胞が作り出すメラニン顆粒に赤や黒などさまざまな色があり、遺伝によってこの種類や量が変わり、肌の色が決まるからです。

問 10

次の文章の空欄に当てはまる語句を語群より選び解答欄に記入しなさい。

パーソナルカラーを診断する上で、各アンダートーンの特徴を知っておくことは大切である。パーソナルカラーは、ブルーアンダートーンである（ A ）、イエローアンダートーンである（ B ）に分けられる。このうち、（ C ）イメージなのがブリリアントウインターである。ブリリアントウインターのシーズンカラーには、他のシーズンにない（ D ）がある。また、イエローアンダートーンにはブルーアンダートーンにはない（ E ）の色みがある。

A ①ブライトスプリングとパステルサマー
②ブライトスプリングとブリリアントウインター
③パステルサマーとブリリアントウインター
④ディープオータムとブリリアントウインター

B ①ブライトスプリングとディープオータム
②パステルサマーとディープオータム
③ブライトスプリングとパステルサマー
④ディープオータムとブリリアントウインター

C ①ソフトで落ち着きのある　②ソフトで華やかな
③ハードで落ち着きのある　④ハードで華やかな

D ①オレンジ　②パープル　③ブルー　④ブラック

E ①イエロー系　②オレンジ系　③レッド系　④ブラウン系

問 11

次の文章の空欄に当てはまる語句を語群より選び解答欄に記入しなさい。

髪の毛は、（ A ）からつくられ、その間にメラノサイトという色素細胞がある。メラノサイトが、メラニン色素を分泌することによって髪の色が決まる。

髪は、メジュラという（ B ）、コルテックスという（ C ）、キューティクルという（ D ）の三層で構成されているが、このうちメラニン色素はコルテックスに沈着しており、このコルテックスは髪全体の95パーセントを占めている。髪の毛に含まれるメラニン色素は3パーセント以下だが、ヘアカラーで極端なブリーチをしても（ E ）に見える。

A ①色素細胞　②生成細胞　③脂肪細胞　④毛母細胞

B ①毛皮質　②毛母細胞　③毛小皮　④毛髄質

C ①毛小皮　②毛皮質　③毛母細胞　④毛髄質

D ①毛髄質　②毛皮質　③毛小皮　④毛母細胞

E ①白髪　②黒髪　③黄みがかった髪　④赤みがかった髪

> **ONE POINT**
>
> 一般にブリーチは、髪にあるメラニン色素を分解して脱色することです。ヘアカラーはこの後に色素を浸透させるカラーリングのことです。

問 12

次の文章の空欄に当てはまる語句を語群より選び解答欄に記入しなさい。

パステルサマーのメイクは、穏やかで優しい色を使うと良い。ファンデーションはパステルサマーの肌の色に合わせて、（ A ）ベージュを選ぶ。チークカラーに使う色は、（ B ）の頬にあわせた色を用いる。ルージュやネイルはローズピンクやモーブが似合う。ブライトスプリングの場合は、（ B ）では口元がさみしい印象になるため、（ C ）でかわいらしさを表現すると良い。
ブリリアントウインターの肌は、一般的には（ D ）の人が多く、褐色を感じる人や色みを感じない肌の人もいる。アイシャドーは、瞳のコントラストを活かし、グレー系やブルー系で引きしめると良い。ディープオータムのメイクは落ち着いたダークな色で知的な雰囲気を演出すると良いが、そのアイシャドーは深いブラウン系やグリーン系を用いたり、混色で（ E ）色を作ると良い。

A ①赤みの少ない　②オレンジよりの　③黄みの多い　④黄みの少ない

B ①黄みがかったピンク　②青みがかったピンク
　　③サーモン　④コーラルピンク

C ①コーラルピンク　②ショッキングピンク　③パステルピンク　④ローズピンク

D ①青みの少ないウォームベージュの肌　②ピンクがかったアイボリーの肌
　　③ブルーがかったベージュの肌　④イエローがかったベージュの肌

E ①明度の高い　②明度の低い　③彩度の高い　④彩度の低い

問 13

次の文章の空欄に当てはまる語句を語群より選び解答欄に記入しなさい。

「ソフトで華やか」なイメージがあるイエローアンダートーンの（ A ）の配色の特徴は、（ B ）色を使った（ C ）である。CUS®9色調の中では（ D ）が中心の色調となる。つまり、明度は（ E ）ブロックにあたる。

- **A** ①ブライトスプリング　②パステルサマー　③ディープオータム　④ブリリアントウインター

- **B** ①鮮やかな　②明るい　③濃い　④地味な

- **C** ①グラデーション配色　②ナチュラル配色　③アクセント配色　④多色配色

- **D** ①plとlg　②clとbt　③dpとbt　④dlとvv

- **E** ①中　②高　③中～高　④低～中

問 14

次の文章の空欄に当てはまる語句を語群より選び解答欄に記入しなさい。

私たちの皮膚の構造は、（ A ）の構造になっている。
このうち、（ B ）は皮膚の表面にあるもので、細胞が幾重にも積み重なっているが、その一番上は（ C ）であり、一般に肌と言われるところである。
（ B ）は、垢やフケとなってはがれ落ちて新しい細胞に生まれかわるが、これを（ D ）という。

- **A** ①2重　②3重　③4重　④5重

- **B** ①表皮　②角質　③真皮　④皮下組織

- **C** ①基底層　②有棘層　③角質層　④顆粒層

- **D** ①アンダーオーバー　②ターンオーバー　③ブリーチ　④アンダートーン

問 15

次の質問の答として最も適切なものを選び解答欄に記入しなさい。

A その人の魅力を最大限に引き出す色のことを何というか
　　①ブライトカラー　②トータルカラー
　　③パーソナルカラー　④コミュニケーションカラー

B 人間の肌の色に最も大きく作用するものは何か
　　①皮膚の血流量　②肌の水分量　③メラニン色素　④角質層

C 生まれたばかりの赤ちゃんの肌に含まれる水分量はどのくらいか
　　①約50パーセント　②約60パーセント
　　③約70パーセント　④約80パーセント

D 皮膚の血流量に関係する血管はどれか
　　①動脈　②静脈　③リンパ管　④毛細血管

E 髪を構成する層でないものはどれか
　　①メジュラ　②フェオメラニン　③キューティクル　④コルテックス

> **! ONE POINT**
>
> 肌の水分量は肌の透明感に大きく左右する要因のひとつです。水分量は年齢とともに減少していきます。十分な水分がないと弾力が失われ、しわができてしまいます。

問 16

次の質問の答として最も適切なものを選び解答欄に記入しなさい。

A ブリリアントウインターのメガネフレームの色は何色にすると良いか
　　①アイボリー　②シルバー　③ピーチ　④マホガニー

B ディープオータムのヘアカラーで使うアクセントカラーは何色か
　　①オレンジ　②シルバー　③赤紫系　④ネービーブルー

C パステルサマーのファンデーションの色はどれか
　　①ウォームベージュ　②オイスターホワイト
　　③ローズベージュ　④ライトウォームベージュ

D ブライトスプリングのチークカラーの色はどれか
　　①ダークトマトレッド　②モーブ
　　③クリアサーモン　④ローズピンク

E ブライトスプリングのアクセサリーはどれか
　　①シルバーやプラチナでデザインの凝った華やかさがあるもの
　　②シルバーやプラチナでパールを用いたもの
　　③マットなゴールドや自然素材を使ったもの
　　④輝きのあるゴールドや花などのモチーフがついたもの

> **ONE POINT**
>
> メガネの原型が発明されたのは13世紀の後半といわれていて、当時は単眼用の虫眼鏡のようなものでした。その後、両眼用になりましたが、当時はフレームがなく、手で持つか、鼻の上に乗せて使用されていました。

問 17

次の文章の空欄に当てはまる語句を語群より選び解答欄に記入しなさい。

メラニン色素は、髪の毛や皮膚に存在する。いずれも、その色を決めるのは（　A　）という色素細胞である。（　A　）は髪の毛であれば、（　B　）の間にあり、肌であれば（　C　）という表皮の中でも一番下の層に存在し、メラニン色素をつくっている。日本人の場合は、髪の毛は黒褐色が多いが、これは（　D　）の作用によるものである。髪の毛のメラニン色素はほとんどコルテックスに沈着するが、メラニン色素はアミノ酸がチロシナーゼによって酸化複合した結果つくられる。また、肌に関しては、メラニン量の（　E　）白人と比較すると、シミ、そばかす、シワが日本人には比較的少ない傾向がある。

A ①ユーメラニン　②フェオメラニン　③コラーゲン　④メラノサイト

B ①毛髪細胞　②毛母細胞　③毛根細胞　④毛髄細胞

C ①角質層　②顆粒層　③有棘層　④基底層

D ①真メラニン　②亜メラニン　③酸化メラニン　④分子メラニン

E ①多い　②少ない　③適量である　④10パーセント少ない

> **! ONE POINT**
>
> どうして白髪になるのでしょうか？髪は、加齢や病気などにより、メラノサイト、メラニン色素が減少することによって色素が薄くなり、白髪になるというわけです。また、遺伝的要素を持っている人もいるといわれています。

問 18

次の文章の空欄に当てはまる語句を語群より選び解答欄に記入しなさい。

男性のビジネスシーンにおいても、各シーズンによって用いる色に特徴がある。パステルサマーの場合は、グレーのスーツに（　A　）やブルー系のシャツを合わせ、統一感のある（　B　）のネクタイをすると良い。ブライトスプリングの場合は、ソフトで明るい雰囲気があるので寒色系の（　C　）のスーツに（　D　）のネクタイをつけると軽快な印象を与えることができる。ディープオータムの場合は、同系色でまとめ、ネクタイの柄にアクセントをつけると良い。ブリリアントウインターの場合は、（　E　）のシャツにブラックやチャコールグレー、ネービーブルーのスーツでコントラストをつけるとクールな印象になる。

A ①ピュアホワイト　②オイスターホワイト　③ソフトホワイト　④アイボリー

B ①同系色　②補色　③反対色　④対比色

C ①チャコールブルーグレー　②ライトクリアネービー
　　③ウォームベージュ　④グレーベージュ

D ①パステルイエローグリーン　②アイシーグリーン　③ココア　④ラスト

E ①ディープカラー　②アイシーカラー　③ブライトカラー　④ダークカラー

問 19

次の文章の空欄に当てはまる語句を語群より選び解答欄に記入しなさい。

パステルサマーの人は（ A ）で上品な印象があるので、ブルーアンダートーンの中でも柔らかい（ B ）で優しい雰囲気を演出すると個性が活かせる。（ C ）の人はモダンで（ D ）な印象があるので、鮮やかな色や無彩色に近い色を組み合わせた（ E ）配色が似合う。
（ F ）の人は若々しく「キュート」な印象があるので（ G ）を使った多色配色で楽しさを演出すると良い。（ H ）の人は大人っぽく「シック」な雰囲気を持っているので（ I ）が似合い、自然を感じさせる（ J ）をセンス良く着こなすことができる。

A ①「キュート」　②「エレガント」　③「モダン」　④「ナチュラル」

B ①パステルカラー　②ダークカラー　③ビビットカラー　④ナチュラルカラー

C ①パステルサマー　②ディープオータム
　　③ブリリアントウインター　④ブライトスプリング

D ①「エレガント」　②「ロマンティック」　③「キュート」　④「シャープ」

E ①グラデーション　②ドミナント　③ナチュラル　④コントラスト

F ①パステルサマー　②ブライトスプリング
　　③ブリリアントウインター　④ディープオータム

G ①渋い色　②明るく澄んだ色　③青みを含んだ色　④落ち着いた色

H ①ディープオータム　②パステルサマー
　　③ブライトスプリング　④ブリリアントウインター

I ①ブルーアンダートーンの鮮やかな色　②ブルーアンダートーンの深みのある色
　　③イエローアンダートーンの深みのある色　④イエローアンダートーンの淡い色

J ①メタリックカラー　②ポップカラー　③パステルカラー　④アースカラー

問20

次の文章の空欄に当てはまる語句を語群より選び解答欄に記入しなさい。

肌色を最も大きく左右するのは（ A ）である。この量が多い人の肌色は（ B ）なり、少ない人は（ C ）を帯びている。
肌色をつくりだす要素は他にも（ D ）がある。加齢や健康不良の場合は血色が悪くなり、肌色が（ E ）感じになる。

A ①メラニン色素　②メラノサイト　③コラーゲン　④ヘモグロビン

B ①茶色っぽく　②ピンク色っぽく　③白っぽく　④黒っぽく

C ①赤色　②茶色　③ピンク色　④黒色

D ①皮膚の血流量や肌の保湿度　②皮膚の血流量や肌の水分量
　　③皮膚の透明感や肌のコラーゲン量　④皮膚のメラニン量や肌の水分量

E ①赤っぽい　②ピンクっぽい　③黄色っぽい　④白っぽい

問21

次の文章の空欄に当てはまる語句を語群より選び解答欄に記入しなさい。

ヘアメイクには、時代によって移り変わりがある。日本でも出土した埴輪から古代人のヘアメイク法がうかがえる。古代人の基調色は信仰の色でもある（ A ）であった。
（ B ）の白粉（おしろい）を壁のように塗るといった日本独自の化粧法ができたのは、（ C ）と言われている。江戸時代になると、身分制度によって髪型や化粧の方法が違っていたが、江戸後期になると、町人の間に（ D ）が普及した。

A ①赤　②黄　③白　④茶

B ①鉄や銅　②金や銀　③水銀や鉛　④水銀や銅

C ①弥生時代　②奈良時代　③平安時代　④江戸時代

D ①白粉　②まゆずみ　③口紅　④化粧水

問 22

次の文章が説明しているパーソナルカラーシーズンタイプを語群より選び解答欄に記入しなさい。

A 鮮やかな色調や白に一滴だけ色を加えた透明感のある色が似合う。

B 色相に少しブルーやグレーを含ませたような優しくて上品な色が似合う。

C 目は明るい茶色でガラス玉のようにきらきらと輝いている。

D 男性のビジネスシーンでは、深みのある茶系やグリーン系などの色で落ちついた雰囲気を演出できる。

E 大胆な色使いで個性的なメイクができる。

F 男性のアウトドアシーンでは、クリアサーモンのボトムスに明るい茶系のジャケットでフレッシュに装う。

G 中・高明度で低・中彩度の色調によるグラデーション配色が得意である。

H 「シャープ」で「クール」な印象があるので、無彩色を個性的に着こなすことができる。

I 色相のバリエーションが豊富なので多色配色が楽しめる。

J 男性のアウトドアシーンでは、モスグリーンのTシャツにチノクロスのパンツが似合う。

①パステルサマー　②ブリリアントウインター
③ブライトスプリング　④ディープオータム

問 23

次の文章の空欄に当てはまる語句を語群より選び解答欄に記入しなさい。

日本人は一般的に（ A ）に分類されるが、肌の色には個人差がある。わたしたちの肌色を決定づける要素は大きく分けて3つある。
一つは（ B ）で、この要素が最も大きい。この量が少ないと（ C ）見える。紫外線を浴びると（ B ）の量が増えるため、肌の色が（ D ）なる。
次に皮膚の（ E ）である。この循環が悪かったり（ F ）などによって目の下のクマが目立ったり、顔色が暗く沈んで見える。最後は、肌の（ G ）が関係する。成人の場合、表皮にある（ H ）の水分量は（ I ）前後であると理想的な肌の状態といえるが、水分が不足すると、（ J ）肌になる。

A ①白色人種　②黄色人種　③黒色人種　④赤色人種

B ①生成細胞　②色素細胞　③メラニン色素　④アンダートーン

C ①白みを帯びて　②黒みを帯びて
　　③黄みを帯びて　④ピンク色を帯びて

D ①赤く　②白く　③黒く　④ピンク色に

E ①分泌量　②血流量　③水分量　④生成量

F ①体重増加　②加齢　③日焼け　④代謝増加

G ①代謝量　②血流量　③水分量　④保湿量

H ①真皮層　②基底層　③有棘層　④角質層

I ①5から10パーセント　②5から20パーセント
　　③15から20パーセント　④20から30パーセント

J ①ハリのある　②ハリのない
　　③皮脂が多い　④メラニン量が増えた

問 24

次の記述のうち、正しいものを1つ選んで解答欄に記入しなさい。

A
① ブリリアントウインターの人の眼鏡フレームは、落ち着いたブラウン系やべっ甲風のものが適している。
② ディープオータムの人のアクセサリーは、艶感のないマットなゴールドなどが適している。
③ パステルサマーの人のアイシャドーは、深みのあるモスグリーンやブラウンが適している。
④ ブライトスプリングの人のチークカラーは、ローズピンクが適している。

B
① ブリリアントウインターの女性は、アースカラーなどの自然を感じさせる色で、落ち着いた装いをすると大人っぽい雰囲気になる。
② ディープオータムの女性は、可愛らしいデザインのファッションが似合うので、明るい色を基本に多色配色でまとめるとより可愛らしさを出すことができる。
③ パステルサマーの女性は、同系色のグラデーション配色でまとめると洗練された大人の装いができる。
④ ブライトスプリングの女性は、モノトーンでシャープな印象でまとめたり、コントラストをつける配色でコーディネートするのが良い。

C
① ブライトスプリングの人ファッションの配色例として、pl－17RP・Wt・vv－19Rがある。
② ブリリアントウインターの人ファッションの配色例として、lt－11B・dl－11B・bt－11Bがある。
③ パステルサマーの人ファッションの配色例として、bt－9GB・cl－23YO・bt－21ROがある。
④ ディープオータの人ファッションの配色例としてdk－3YG・dp－1Y・dk－23YOがある。

解答解説

PERSONAL COLOR

第1章　問01
A−③　B−②　C−④　D−③　E−①
F−①　G−①　H−②

解説 POINT ▶ 赤系統の色は誘目性が高く、自律神経の中の交感神経に働き興奮を高める。B②誘目性とは、人目につきやすく発見されやすい色をいう。①視認性が高い配色とは、「見えやすい、または見つけやすい配色」である。DとEの答えは赤にDの色を混色させた結果を想像し、Eの中から選ぶ。F青は赤とは逆に、自律神経の中の副交感神経に働き気分を安定させる。

第1章　問02
A−③　B−④　C−②

解説 POINT ▶ 日本の伝統色の色名の由来とその成り立ちを示すものである。伝統色は日本の豊かな自然が織りなす多彩な色から名づけられたものが多く、また、時代の変遷による色名の変化も伝統色から読み取ることができる。

第1章　問03
A−③　B−④　C−①　D−③　E−④

解説 POINT ▶ 青も色調によってイメージが変化する。明るい空色やスカイブルーは自立や希望を連想させ、藍色などの濃く深みのある色は誠実や忠実を連想させる。「安定」というイメージは青のほか、緑からも連想されるが、青からは地位の安定や気分の安定を、緑からは自然のもたらす広い意味での安定が想像される。

第1章　問04
A−①　B−③　C−②　D−④　E−①

解説 POINT ▶ 黄系統の色名に関する問題である。出題された色の他にも刈安色（かりやすいろ）、鬱金色（うこんいろ）、支子（くちなし）など、植物からとった染料を由来とした色名や植物の花などからイメージした色名が多い。紛らわしいので「色名」「その由来」「色」の特徴を関連づけて覚えておくと良い。

第1章　問05　A−③　B−①　C−③　D−②　E−②

解説 POINT ▶ 緑からまず連想されるのは、草木などの自然界に存在する植物である。木々の緑からはリラックス効果を得ることもできる。イエローグリーンなどの明るい黄緑色は新鮮さやフレッシュな感覚を連想させるが、フォレストグリーンのような深い緑からは安定や成功などのキーワードが想像される。

第1章　問06　A−①　B−②　C−②　D−①　E−①
　　　　　　　　F−②

解説 POINT ▶ B粋な色として「四十八茶百鼠（しじゅうはっちゃひゃくねず）」の言葉にあるように茶色や鼠色が大流行したのは江戸時代である。C西欧の貴族に東洋の神秘を伝える色として珍重された磁器は白地に青の文様である。F新橋色は鮮やかな緑みの青である。

第1章　問07　A−③　B−③　C−④　D−②　E−①

解説 POINT ▶ A金盞花（きんせんか）の花のような明るい黄橙は萱草色（かんぞういろ）という。②の蒲色（かばいろ）は蒲の穂のような濃い赤橙色である。橙系統・黄系統の色は明度・彩度が変化すると茶色になるが、その中でもテラコッタや蒲色は橙系の茶となる。色を見て色相の系統が推測できるようしておくことが大切である。

第1章　問08　A−②　B−②　C−④　D−①　E−②
　　　　　　　　F−①

解説 POINT ▶ 紫は赤寄りの赤紫から青寄りの青紫まで幅のある色であるため、そのイメージにも幅がある。青にほど近いペリウィンクルなどの青紫からは、高貴や神秘性がイメージされ、フクシャやマゼンタなどの赤紫からは華やかな印象を受ける。エレガントで優雅なイメージを持つのは薄い紫である。

第1章　問09　A−④　B−②　C−④　D−②　E−②

解説 POINT ▶ A新橋の芸者の間で流行したので新橋色という。B江戸紫は紫草の根で染めた青みの強い紫で、江戸を象徴する色のひとつ。C古来より皇太子の礼服の色とされた禁色で鮮やかな赤橙を黄丹という。D一斤染は紅花一斤（600g）で絹一疋を染めたことに由来。E刈安色は刈安を細かく切って煎じた汁で染めた色である。

| 第1章 | 問10 | A−②　B−②　C−③ |

解説 POINT ▶ 無彩色である白と黒は色みを持たない色である。明度の違いによりそのイメージは大きく違ってくる。白は多くの人に好まれ、純粋さや真実、正義感といったイメージを持つ反面、人を緊張させる色でもある。黒は、静寂さや夢幻的なイメージの他に力強さからくる威厳的な印象もある。また、都会的な雰囲気を感じさせる色でもある。

| 第1章 | 問11 | A−①　B−②　C−④　D−③　E−①
F−④　G−③　H−②　I−②　J−① |

解説 POINT ▶ 暗い赤には、赤葡萄酒のような深い色のバーガンディ、鉄さびの色のラストや赤に黒を加えた色の臙脂色などがある。また、明るい赤には、すいかの実の色のウォーターメロンや鮮やかな朱赤のオレンジレッド、明るい朱赤のクリアブライトレッドなどがある。

| 第1章 | 問12 | A−③　B−②　C−③　D−②　E−① |

解説 POINT ▶ **A**オイスターは牡蠣のことである。**B**黒を表わす色名は漆黒の他に墨色（すみいろ）もある。**C**バフはなめした皮の色が名称の由来であり、ブライトスプリングのシーズンカラーにもある色である。**D**胡粉色（ごふんいろ）は牡蠣の殻から作られる顔料の色である。

| 第1章 | 問13 | A−②　B−①　C−②　D−①　E−②
F−②　G−① |

解説 POINT ▶ **A**603年に制定された冠位十二階では、徳を最上位にして紫、仁は青、礼は赤、信は黄、義は白、智は黒とし、階級をさらに分ける大小はそれらの色の濃淡で違いを表している。**C**利休鼠と呼ばれる色は緑みをおびた鼠色である。**E**江戸時代には茶色、灰色などの色が増えた。**D**江戸時代に「奢侈禁止令」が出された結果、流行したのは茶色や灰色である。これらの色から「四十八茶百鼠」という言葉がうまれた。**F**歌舞伎の定番幕で使われたのは、団十郎茶である。

| 第1章 問14 | A−③　B−④　C−③　D−①　E−②

解説 POINT ▶ 赤系統・橙系統・黄系統はどれも暖色なので色から連想されるイメージも近いものになる。その違いを把握しておく必要がある。赤系統の色からは、生命力や躍動感など"力"を感じる。橙系統の色は、暖かさや豊かさ、また、「食」を連想させる色である。黄系統の色からも「食」が連想されるが、明度の高さから明るさや光に結びつけられてイメージされることが多い。

| 第1章 問15 | A−①　B−①　C−②　D−④　E−②

解説 POINT ▶ **A**一斤染（いっこんぞめ）は紅花一斤で絹一疋を染めたことから名づけられた色名である。**B**①の蘇芳色は蘇芳の樹皮が染料となり、③茜色は茜草の根、④臙脂色はコチニールという虫が染料となる。**C**弁柄色（べんがらいろ）はオランダ人がベンガル地方の赤土を持ってきたことからついた色名である。

| 第1章 問16 | A−②　B−④　C−③　D−④　E−①
　　　　　　　　F−④　G−①　H−②　I−③　J−①

解説 POINT ▶ **A**①の緋色は茜を染料とし、④の茜色は茜草の根を染料とした。**B**②鉛丹色は顔料に由来する。③蒲色は蒲の穂のように濃い赤橙。**D**①ライムグリーンはライムの実の色。**E**④木賊色は木賊の茎を思わせる深い緑色。**F**②浅葱色は葱の若芽にちなんだ浅い緑青。③水縹は藍染めの初期段階の淡い色。**G**①モーブは人類初の合成染料。④ロイヤルパープルは英国のオフィシャルカラー。**H**①フクシャはフクシャの花の濃い赤紫。③オーキッドはランの花の薄紫色。**I**①生成色は自然の糸や生地の色に由来する。②アイボリーは象牙のような白。④白群は青系統の色。**J**①鈍色は鈍い灰色、②滅紫は紫系、③胡粉色は白系統。④水縹は青系統である。

| 第1章 問17 | A−①　B−①　C−②　D−①　E−①

解説 POINT ▶ **A**もののデザインは機能性、形、色などが購買動機を左右する。**B**一つひとつの色にはそれぞれ感情効果がある。**C**地域の色は湿度による彩度差、日照時間による明度差などが関係する。**D**リビングは長時間過ごす場所でもあるから、色相、明度、彩度のコントラストを抑えぎみにすると良い。

| 第1章　問18 | A—②　B—②　C—③　D—②　E—④ F—① |

解説　POINT ▶ A鳥の羽の色からついた色名であるが、鶯（うぐいす）の羽のような暗い黄緑を鶯色といい、鶸（ひわ）の羽毛のような黄緑を鶸色という。B木賊（とくさ）の茎を思わせる深い緑色を木賊色という。Dイギリス海軍の軍服の色にちなんだ色はネイビーブルーである。Eティールブルーは真鴨の羽の色である。

| 第1章　問19 | A—①　B—①　C—②　D—①　E—① |

解説　POINT ▶ Cにある文章は黄色を説明している。国によって高貴を表わす色は違う。日本では古くから紫を階級の高い色としていた。また、紫は「ロイヤルパープル」という呼び名があることから、西洋でも高貴な色として扱われることが多い。黄色はタイや中国で高貴な色として扱われることが多い。

| 第1章　問20 | A—②　B—③　C—①　D—③　E—④ |

解説　POINT ▶ A鬱金色（うこんいろ）は鬱金草の根や茎を染料とした色である。B白緑はびゃくろくと読む。C・Dその時代に流行した色を色みとともに覚えておくこと。E栴檀（せんだん）は5月から6月にかけて紫色の小さな花をつける花木である。

| 第1章　問21 | A—③　B—②　C—②　D—①　E—② |

解説　POINT ▶ A赤は注意を促す誘目性が高く、交感神経に働き興奮を高める色である。④黒が加わると、臙脂色のような赤みのある茶になるのは赤である。B黄色は視認性も高いが、誘目性も高く、黒と組み合わせて注意を促す道路標識などに使われている。また、中国では黄色は皇帝が身につける高貴な色とされていた。緑は生命、安全、若さをイメージさせ、また心をリラックスさせる効果もある。C青は副交感神経に働き脈拍や呼吸を落ち着かせる効果があり、また、希望・信頼のメッセージがある。D紫は、日本で冠位十二階において最上位の高貴な色ではあるが、赤と青からできているため情緒不安定や嫉妬などの複雑な心理状態も表す。また、右脳と関連して想像力をかきたてる色でもある。E黒は、全ての色を吸収するため保護色的な意味合いもある。グレーは、白と黒からできているため自己主張しない調和の色であり、オフィスのインテリアに良く使われている。

第1章　問22　A-④　B-④　C-②　D-①　E-②

解説 POINT ▶ A精神に影響をもたらし、芸術的なものや美へのインスピレーションを高める色は紫である。D陰陽五行説の中でも、中国の皇帝が身につける高貴な色は黄色である。

第1章　問23　A-④　B-①　C-②　D-③　E-①
F-④　G-①　H-②　I-①

解説 POINT ▶ 赤からは情熱、エネルギー、愛情などを感じる。誘目性が高い色のため広告や看板などに多く使われている。CUS®のアンダートーンでは色を青みを感じる色と黄みを感じる色に分けて考える。青みを感じさせる赤には、明るい赤葡萄酒のような色のブライトバーガンディ、混じりけのない鮮やかな赤のトゥルーレッドなどがある。また、黄みを感じさせる赤には、野菜の実の色のダークトマトレッド、茜で染めた鮮やかな緋色や「まさほ」ともいわれる真朱（しんしゅ）などがある。

第1章　問24　A-③　B-④　C-④　D-①　E-③

解説 POINT ▶ B・D青の染料である藍に紅花の赤を合わせて紫色を作るが、その中でもくすんだ紫を二藍（ふたあい）といい、鮮やかな赤紫を牡丹と呼ぶ。C京紫は赤みのある紫である。青みのある紫は江戸紫という。E④の滅紫（けしむらさき）は灰みがかった紫になる。

第1章　問25　A-①　B-①　C-③　D-④　E-③

解説 POINT ▶ A黄色と黒の組み合わせは明度に差があることから視認性が高く記憶に残りやすい配色である。B②の個性的や④の神秘的を表すのは紫である。C黄色は明度が高く、なおかつ暖色系の色なので進出してくるように見える色でもある。D黄色に黒が加わると茶色になり、色のイメージも変わる。E有名なゴッホの絵画である「ひまわり」には黄色が使われている。

第1章　問26　A—②　B—①　C—①　D—③　E—②

解説　POINT ▶　**A**オーキッドはランの花の名前でもある。**B**イギリスのパーキンが発見した合成染料で染められた紫をモーブという。**C**ペリウィンクルはツルニチニチ草の花の色で赤みを帯びた青である。**D**鮮やかな赤紫であるマゼンタは、合成染料のフクシンで染められた色である。**E**フクシャは花の名前からきた色名で、濃い赤紫をしている。

第1章　問27　A—②　B—④　C—①　D—③　E—①

解説　POINT ▶　**A**明度が低いと桜鼠、明るく柔らかな感じの鼠がかった桜色を灰桜と呼ぶ。**B**常緑樹の松の木の葉の緑で、縁起のよい色名である。千歳緑は「せんざいみどり」と読む。**C**昔の貨幣の大判・小判は黄金色であることから山吹といわれた。**D**黄朽葉は栃の木の色で、赤朽葉はイロハカエデが紅葉した色である。**E**紫苑は「しおん」と読み、④の樸色は「おうちいろ」と読む。

第1章　問28　A—③　B—③　C—②

解説　POINT ▶　**B**色には感情効果がある。ものをデザインするときは色のもつ感情性を大いに利用することができる。また、コミュニケーションにも色は重要な役割を果たす。人と人とのコミュニケーションでは、その人の着ている服やメイクの色までが影響してくることもある。その人のもつ魅力を最大限に引き出すのにパーソナルカラーは有効である。

第1章　問29　A—①　B—①　C—①　D—②　E—②

解説　POINT ▶　**A**黄は明度が一番高い色のため目につきやすい。黄色のような暖色系の色を一般的に進出色と呼んでいる。**B**江戸時代後期には、茶色とともに粋な色として様々な鼠色が大流行した。**D**黒は最も明度が低く、威厳や力強さを感じる色である。誰からも愛される色とは言いがたいので公共の場で使う場合は注意が必要である。**E**平和や安全を象徴するのは緑であり、脈拍や呼吸を落ち着かせ、気分や血圧を安定させる働きがあるのが青である。

第1章　問30　A-②　B-②　C-④　D-①　E-④

解説 POINT ▶ 平安時代では着物の表と裏布の配色に名前をつけた。また、後に袿（うちぎ）を何枚も重ねた配色を「襲の色目（かさねのいろめ）」という。この問題ではCUS®の記号から配色を思い浮かべる必要がある。また、「襲の色目」は、公式テキストに紹介されている以外にも"梅重（うめがさね）""卯花（うのはな）""女郎花（おみなえし）""枯色（かれいろ）"など季節ごとに様々な合わせ方がある。

第1章　問31　A-④　B-④　C-③　D-②　E-③

解説 POINT ▶ **A・E**グレーは色みもないので自己主張しない色である。目に写っても邪魔にならない色なので機能性、効率性が求められるオフィスなどで良く使われる色である。無彩色であるが少し色みをつけることによって、様々なイメージを出す色でもある。暖かみを感じさせるライトウォームグレーや生成色にグレーがあわさったグレーベージュなどはインテリアでも使いやすい。**B**古代ギリシャ・ローマ時代に偉大な業績を残した英雄に与えられたのは緑の月桂樹の冠である。**D**中国で18世紀頃に作られた磁器には白地に青の文様が描かれていた。

第1章　問32　A-③　B-③　C-①　D-②　E-②
　　　　　　　F-④　G-②　H-①　I-②　J-③

解説 POINT ▶ **A**紫草から染めていた紫は希少価値だったため最上位の色となった。**D**襲の色目は、貴族階級の女房装束のことで、季節に応じた衣装の配色は多くの種類があった。**F**墨の五彩は「わび・さび」の世界を表すとされていた。**I**江戸時代の流行色は、地味の中に粋を見いだしていた。各時代の時代背景を良く理解し、流行した色をつかんでおく。

| 第2章 | 問01 | A-① B-③ C-③ D-④ E-①

解説 POINT ▶ B色は大きく物体色と光源色に分けることができる。物体の表面の色と感じられる色を表面色といい、透過色は物体に色がついているように感じられるので物体色に分類される。C私たちが色を感じるために必要なのは光・物体・眼であり、どれが欠けても正しく認識できない。E太陽光は無色透明に感じられるので白色光とも言われているが、プリズムや水滴のような媒体で屈折して分光され、虹色を見ることができる。この虹色は人の眼に感じられる領域のため、可視光と言われているが、長波長側から赤→橙→黄→緑→青→青紫の順に見える。

| 第2章 | 問02 | A-④ B-③ C-① D-① E-②

解説 POINT ▶ この問題は、CUS®の色相と色調の関係を理解するものであり、それぞれの特徴や記号の意味を理解する必要がある。「明度に共通性がある」というのは、色調のヨコの関係が同じということであり、「彩度に共通性がある」というのは、タテの関係が同じということになる。

| 第2章 | 問03 | A-① B-① C-② D-① E-②

解説 POINT ▶ Cは、色相対比の部分が誤りで、これは色相の同化を利用した例である。Eは明度の同化現象というところが誤りで、正しくは明度対比となる。色は一色だけで見ることはほとんどなく、常にお互いに影響を及ぼし、見え方に変化を与えている。周囲の色と逆の見え方をするのが「対比」で、周囲の色に近づいて見えるのが「同化」である。この2つの現象をしっかり区別して理解する必要がある。

| 第2章 | 問04 | A-① B-② C-① D-① E-④

解説 POINT ▶ 色の心理効果は三属性との関連が深い。色相に関連するものとして、暖色・寒色、進出色・後退色などがある。明度に関連するものとして、軽い色・重い色、膨張色・収縮色、柔らかい色・硬い色などがある。彩度に関連するものとして、強い色・弱い色などがある。中性色には紫の他にも温度感がない代表的な色として緑がある。

第2章　問 05　A-①　B-①　C-②　D-③　E-④

解説 POINT▶ CUS®24色相環のどの色がどちらのアンダートーンかを正確に覚え、色相環上でどの色とどの色が同系・類系・反対の関係になっているかも正確に選ぶこと。

第2章　問 06　A-③　B-①　C-②　D-④　E-④

解説 POINT▶ CUS®では、配色を考える上で便利な9色調を選択し、名称をつけている。この9色調は、明度や彩度の関係が一目で分かるように位置づけられた9つのブロックである。その関係を良く理解し、名称や略号と共に覚えておく必要がある。

第2章　問 07　A-③　B-①　C-②　D-④　E-①

解説 POINT▶ Aでは7BGと180度向い側の色相で類系色調のものを選ぶ。Cの中性色というのは緑や紫の色相のことである。Dの進出色は暖色系、後退色は寒色系のことである。

第2章　問 08　A-④　B-③　C-②　D-①

解説 POINT▶ Aでは、白熱灯が赤・橙・黄系の色を映えさせる照明のため、④を選ぶのが正しく、Bでは青・緑系の色を選ぶ。Cでは、蛍光灯が青・緑系の色を映えさせる照明のため、②を選ぶのが正しく、Dでは赤・橙・黄系の色を選ぶ。

第2章　問 09　A-②　B-②　C-②　D-①　E-①

解説 POINT▶ Aは強膜の説明ではなく角膜の役割を述べた文章である。Bは明るい所で働くという部分が誤りで、杆体は暗いところで働き、光の明暗に反応する視細胞である。Cは黄斑の説明ではなく錐体の役割を述べた文章である。黄斑とは、中心窩の周辺の血液が多く集まって丸く濃く見える部分の名称である。

第2章 問10　A―①　B―④　C―③　D―④

解説 POINT ▶ 30度内の色相同士は「同系」、90度内の色相同士は「類系」、キーカラーと向かい合う90度以内の色を「反対」としており、どの色相でも同系・類系・反対の関係が存在する。

第2章 問11　A―④　B―①　C―③　D―①　E―②

解説 POINT ▶ **A**のplの色調は柔らかくて軽くて優しい感じの色調イメージである。④は色相が緑で中性色であるが、さわやかさを感じる色である。**B**の進出色と後退色では、寒色よりも暖色の方が前に飛び出して見えるため、暖色系の色を選べば良い。**C**高明度な色ほど膨張して大きく見えるので、最も明度の高い色を選ぶ必要がある。**D**のdkは比較的明度が低いため、硬く収縮して見える色調である。**E**強くインパクトのある印象にするには、最も彩度の高い色調を選ぶ必要がある。

第2章 問12　A―①　B―③　C―③　D―④　E―①
　　　　　　　F―④　G―①　H―③　I―①　J―②

解説 POINT ▶ 光源に関する問題である。光源の種類と特徴を波長と結びつけて確認し、物体の見え方の変化を知る必要がある。白熱灯が赤系を映えさせ、蛍光灯が青系を映えさせることだけでなく、赤系の光は長波長、青系の光は短波長であることも併せて覚えることが大切である。

第2章 問13　A―②　B―②　C―②　D―①　E―①

解説 POINT ▶ **A**の補色配色の関係については、全ての補色が同じアンダートーンにはなっていない。色相でコントラストをつけたい場合は反対色相配色を使う。**B**は1種類の色相の中で2つのアンダートーンに分かれている色相もあれば、1つのアンダートーンしかない色相もある。どちらの場合も同系色相配色ができる。**C**のCUS®表色系では全ての色相で反対色相配色ができるように配列してある。

第2章　問 14　A−②　B−②　C−②　D−④　E−①

解説 POINT ▶ **A**補色対比なので180度向い側の色を選ぶ。**B**有彩色で明度対比が起こりやすいのは、色相・彩度差が少なく明度差がある色である。**C**有彩色で彩度対比が起こりやすいのは、色相・明度差が少なく彩度差がある色である。**D**明度対比は、色相・彩度差が少なく明度差があると起こりやすい。**E**補色対比による彩度対比を作れば良いが、この選択肢では補色対比の①を選ぶと最も鮮やかに見える。

第2章　問 15　A−①　B−③　C−④　D−④　E−①

解説 POINT ▶ CUS®表色系を用いた色相と色調を合わせた配色問題である。色相環上の色相名や順番、9色調の特徴を覚える必要がある。

第2章　問 16　A−②　B−③　C−①　D−②　E−③

解説 POINT ▶ 同じアンダートーンという制約の中で、同系・類系・反対の色相配色や色調配色について練習する問題である。まずは、CUS®24色相環の1〜24の色相番号がそれぞれどちらのアンダートーンに属するかを認識した上で、正確に同系・類系・反対の関係を考える必要がある。

第2章　問 17　A−①　B−②　C−②　D−②

解説 POINT ▶ **B**高明度ではなく高彩度が正しい。**C**の色は暖色系の色ではない。**D**色は味覚にも影響を与える。私たちは暖色系の方が料理をおいしく感じることから、照明も白熱灯を使うなど工夫しているという例もある。

第2章　問 18　A−①　B−②　C−④　D−①　E−②

解説 POINT ▶ **A**短波長の光が反射される色というのは青や青紫の色相のことである。**B**長波長の光が反射される色というのは赤や赤橙や黄橙の色相のことである。**C**表面色というのは物体の表面の色として感じられる色のことなので夏ミカンの表面で反射される光の色である④の黄色を選ぶ。**D**物体色というのはその物についたように感じられる色なので、赤ワインの色である①の赤色を選ぶ。**E**蛍光灯は、青や青紫などの波長の光を多く含んでいるので②の青色を選ぶのが適切である。

| 第2章 | 問19 | A-②　B-①　C-④　D-②　E-③ |

解説 POINT ▶ 24色相環では、同じ色相でも2つのアンダートーンに分かれるものがある。どの番号の色相もどちらのアンダートーンに属するかを記憶していないと、アンダートーン配色を正しく行うことはできない。

| 第2章 | 問20 | A-④　B-②　C-②　D-①　E-③ |

解説 POINT ▶ **A**物体に光が当たると物体の表面では、その一部を反射・透過し、一部を吸収している。テレビ波、赤外線、紫外線はどれも人の眼に感じられない波長なので、**B**は②が適切である。**C**光を発するものを光源というが、光源には自然光源と人工光源がある。自然光源である太陽光は、どの波長もまんべんなく含んでいるため、色の見え方に大きな偏りはない。**D**人工光源である蛍光灯は、短波長の光を多く含んでいるので、青系・緑系の色を引き立たせる。人工光源である白熱灯は、長波長の光を多く含んでおり、赤系・橙系の色を引き立たせる。白熱灯は、料理をおいしく見せることや、落ち着いた空間を演出できることからレストランやホテルによく使われ、オフィスでは、業務の効率化やコストの面で、蛍光灯がよく使われている。

| 第2章 | 問21 | A-③　B-②　C-②　D-①　E-④ |

解説 POINT ▶ この問題は、CUS®の色相と色調の関係を練習するものであり、それぞれの特徴や記号の意味を理解する必要がある。色調を示すときに「暗い」や「すっきりした」などのイメージで表す場合や、「高明度・低彩度」などの三属性で表す場合があるので、両方を関連づけて覚える必要がある。

| 第2章 | 問22 | A-①　B-③　C-④　D-② |

解説 POINT ▶ **A**ではまずGy1とGy3のどちらが明るい灰色かがポイントとなる。CUS®ではGy1の方が高明度であるため、①を選ぶのが適切である。**B**のvv-1Yとvv-13Vは心理補色の関係にあるため、③の補色対比を選ぶのが適切である。**C**と**D**は指定された色が囲まれた色の心理補色に影響されて色みが変化して見える色相対比の例である。

| 第2章 | 問23 | A−④　B−③　C−④　D−④　E−①

解説 POINT ▶ 色から受ける心理効果とCUS®の色調の問題である。CUS®の色調は、明度と彩度の特徴によって9色調に分かれていることから、色調だけでも心理効果と結びつけることができるが、色相の関係にも注意が必要である。

| 第2章 | 問24 | A−①　B−④　C−①　D−②　E−④
　　　　　　　　F−①　G−①　H−③　I−④　J−②

解説 POINT ▶ アンダートーン配色のもとになるCUS®24色相環に関する問題である。色相番号は1から24まであるが色相は12種類である。そのうちアンダートーンが分かれるのは黄・青緑・青紫・赤の4色相だけである。どちらのアンダートーンに分かれるか正確に覚えること。また、明度と彩度の位置も確認しよう。

| 第2章 | 問25 | A−①　B−②　C−②　D−①　E−①

解説 POINT ▶ Bは、スペクトルの部分が誤りで、ガラスの三角柱はプリズムという。スペクトルとはプリズムで分光された光の帯のことをいう。C視覚の3要素のどれが欠けても色を正しく認識できないので誤りである。

| 第2章 | 問26 | A−①　B−②　C−①　D−②　E−①

解説 POINT ▶ Bのplとtdの組み合わせは明度差が強いため、色相は反対色相ではなく同系や類系などでまとめた方がバランスはとりやすくなる。Dbtとlgの組み合わせもコントラストが強いため、色相を揃えるとバランスが取りやすい。

| 第2章 | 問27 | A−④　B−④　C−③　D−②　E−①

解説 POINT ▶ 同化現象の問題である。A色相の同化で、赤みを帯びたように見せるには赤系の色を選ぶ必要がある。Bは明度の同化で、明るく見せるには最も明度の高い色を選ぶ必要がある。Cは彩度の同化で、くすんだように見せるには最も彩度の低い色を選ぶ。Dは色相の同化で、緑みを帯びたように見せるには緑系の色を選ぶ。Eは明度の同化で、暗く見せるには最も明度の低い色を選ぶ。

| 第2章　問28 | A-②　B-③　C-④　D-④　E-①

解説 POINT ▶ 同系・類系・反対の配色方法やアンダートーン配色、また、グラデーションやコントラストなどの配色技法など、CUS®のシステムを応用する問題である。CUS®色調図を頭に思い描いて問題を解くこと。

| 第2章　問29 | A-②　B-①　C-②　D-③　E-①

解説 POINT ▶ A①のvv-1Yや③のvv-3YGに囲まれるとvv-23YOは赤みを帯びて見える。B②のvv-19Rや③のvv-23YOに囲まれるとvv-5Gは青みを帯びて見える。Cの心理補色は、180度向い側の色を選ぶ。D①のGy3や②Bkに囲まれるとGy2は明るく見える。E②のdk-3YGに囲まれるとdl-3YGは実際よりも明るく、③のvv-3YGに囲まれると実際よりもくすんで見える。

| 第2章　問30 | A-⑩　B-⑭　C-⑤　D-①　E-③
　　　　　　　F-②　G-⑱　H-⑨　I-⑲

解説 POINT ▶ アンダートーン配色には、黄みを含むイエローアンダートーンと青みを含むブルーアンダートーンの2種類がある。「レモンと夏みかん」など具体的な例を覚えていると、アンダートーンを知らない人へ説明するときも便利である。また、同じアンダートーンの色同士を組み合わせることから色みに共通性を持たせるという部分で統一感のある配色になる。

| 第2章　問31 | A-②　B-②　C-④　D-①

解説 POINT ▶ 波長に関する問題である。長波長・中波長・短波長が何色の光か把握しておく必要がある。A可視光線（可視光）は、私たちの眼に色として認識される波長の光をいい、その範囲はおおよそ380nm〜780nmである。B短波長を多く反射する光は青系の色である。青のような寒色系の色は後退色といって、遠くに感じる色である。C錐体は主に明るいところで働き、明るさや色に反応する細胞であるから、長波長、中波長、短波長の全ての光に反応するといえる。一方、杆体は主に暗いところで働き、光の明暗に反応する細胞である。

第2章 問32　A—③　B—②　C—①　D—①　E—③
　　　　　　　F—④　G—③　H—④　I—②　J—②

解説 POINT ▶ 9色調図にある色調の位置関係を確実に覚え、類系色調・反対色調の組合せを、色調の位置関係と関連づけて理解する必要がある。この手の問題は、ケアレスミスが発生しやすいので、時間に余裕があれば必ず確認をすること。

第2章 問33　A—④　B—③　C—②　D—③　E—①

解説 POINT ▶ アンダートーン配色を考える場合、単に同系・類系・反対の配色調和を考えるだけでなく、同じアンダートーン同士の色から選ばなければならない。よって、24色相全てがどのアンダートーンに属しているかを記憶するために繰り返し練習する必要がある。

第2章 問34　A—②　B—②　C—①　D—②　E—①

解説 POINT ▶ **A**インパクトの強弱や、派手・地味感は、三属性の中では彩度による影響が大きく、高彩度の色の方が強い印象になる。**B**膨張・収縮が問われている。高明度な色は大きく膨張して見えるので、スリムに見せたいときは明度を低くする必要がある。**D**色の柔硬感は、三属性の中では明度による影響が強いことを忘れてはならないが、同じ明度の場合は暖色系の方が柔らかく見えることをおさえておく。

第2章 問35　A—⑨　B—①　C—⑩　D—⑫　E—⑪
　　　　　　　F—②　G—⑥　H—⑦　I—⑮　J—④

解説 POINT ▶ 色は大きく2つに分けることができ、ひとつは有彩色、もうひとつは無彩色である。この有彩色と無彩色を三属性に結びつけて覚える必要がある。有彩色は色相・明度・彩度を持つが無彩色は明度しかない。無彩色は彩度0（ゼロ）というように考えると理解しやすい。

第2章　問36　A-③　B-②　C-①　D-①　E-④

解説 POINT ▶ Aの「引っ込んで見える色」を選ぶ場合、①と④は暖色、②は中性色のため③が適切である。Bでは、①も③も④も中性色系の温度感を感じにくい色なので②が適切である。Cの柔らかい色を選ぶ場合は、最も明度の高い色を選択する。Dの強い色を選ぶ場合は、最も彩度の高い色を選ぶため①が適切である。Eの重い色を選ぶ場合は、最も明度の低い色を選ぶため、④が適切である。

第2章　問37　A-②　B-③　C-①　D-①　E-④

解説 POINT ▶ Aニンニクの白いネットは明度の同化現象により、ニンニクをより明るく美しく見せるためのものである。ニンニクもネットも白いことから、彩度とは関係がない。C赤いりんごは緑のトレイに乗せることで心理補色の作用を引き起こすことができる。これは鮮やかに見える補色対比を利用した例である。D補色対比は、高彩度の色同士の方が影響は強くなる。Eオクラの青緑のネットは色相の同化現象により、オクラの緑を新鮮に見せるためのものである。

第2章　問38　A-①　B-②　C-②　D-②　E-②

解説 POINT ▶ CUS®色調の配色問題である。9色調の明度・彩度の関係だけでなく、各色調を表わす記号がどんなイメージを持っているかを良く覚える必要がある。

第2章　問39　A-②　B-③　C-④　D-③　E-②
　　　　　　　　F-①　G-④　H-①　I-①　J-④

解説 POINT ▶ 私たちは視覚から大部分の情報を受けることから、色がどうして見えるのか、配色した色がどのように見えるのかを知るために眼の構造を知る必要がある。眼の役割はカメラの構造と関連させて良く出題される。公式テキストにある「眼の断面図」を参考にし、光が眼に入る経路とその名称を一緒に覚えると理解しやすい。

第2章　問40　A−③　B−①　C−①　D−②　E−④

解説 POINT ▶ CUS®の色相と色調を使った配色問題である。この問題では、同系・類系・反対の配色調和を色相と色調について同時に考えなくてはならないため、指定の配色方法やCUS®の色の略号を読み間違えないようにすることが大切である。また、問題にある色相や色調から、おおよその答えを推測し、選択肢の中から消去法で答を導き出す方法が有効である。

第2章　問41　A−③　B−③　C−④　D−②　E−①

解説 POINT ▶ **A**は色相対比の起こりやすい条件を述べた文章であるが、色相対比は、周囲の色に比べて中の色の面積が小さいほど起こりやすく、逆に言えば、周囲の色が大きい方が起こりやすい。**B**は明度対比の問題であり、グレーのチップは白い紙の上では暗く感じる。**D**②の彩度対比は、明度や色相がほぼ同じ場合、囲まれた色の影響で本来の色より鮮やかに、または、くすんで見える現象である。**E**は色相対比の問題だが、CUS®の略号で色を表示しているため、略号から色みが分かるようにする必要がある。

第2章　問42　A−①　B−②　C−①　D−②　E−②

解説 POINT ▶ **B**トマトの表面では、長波長の光を反射しているのであって吸収しているのではない。**D**蛍光灯は短波長の光を多く含んでいるので、カーネーションの花びらの色はくすみ、葉の色が鮮やかに見える。**E**紫外線は日焼けや色あせの原因にはなっているが可視領域外の波長の光であるため私たちの目には見えない。

第2章　問43　A−①　B−③　C−④　D−④　E−①

解説 POINT ▶ CUS®表色系を用いた色相と色調を合わせた配色問題である。色相環上の色相名や順番、9色調の特徴を覚える必要がある。同系色相は色相環上で30度以内に位置する色相を組み合わせた配色をいうが、同じ色相名を持つ色の配色であることを忘れてはいけない。また、色相番号が同じもの同士の配色は色調で変化をつけて配色する。

| 第2章 問44 | A—④　B—③　C—①　D—①　E—③ |

解説 POINT ▶ A強膜・網膜・脈絡膜は位置する場所も似ているので、その役割と関連づけて覚える。Bの光を調節する絞りの働きをしている部分は虹彩という。D水晶体の厚みを変えるために引っ張る筋肉は毛様体という。E網膜上には視細胞である杆体や錐体が分布しているが、像を結ぶ場所の名称は中心窩という。

| 第2章 問45 | A—④　B—⑦　C—⑯　D—⑪　E—⑫
F—⑭　G—⑰　H—⑲　I—⑱　J—⑱ |

解説 POINT ▶ CUS®表色系は、パーソナルカラーやアンダートーン配色を理解する上で最も重要で基本になる内容なので、12色相・9色調ともに理解し、記憶する必要がある。pl－1Y（ペールのイチワイ）のような記号の表記方法や読み方にも慣れ、記号で表記されただけの配色でも色をイメージすることができるようにする必要がある。

| 第2章 問46 | A—①　B—②　C—②　D—③　E—① |

解説 POINT ▶ アンダートーン配色を考える場合、単に同系・類系・反対の配色調和を考えるだけでなく、同じアンダートーン同士の色から選ばなければならない。よって、24色相全てがどのアンダートーンに属しているかを記憶する必要がある。記号から色みが想像できると、推測しやすい。

| 第2章 問47 | A—③　B—①　C—②　D—④　E—② |

解説 POINT ▶ 色は有彩色と無彩色に分類することができる。有彩色は色の三属性の色相・明度・彩度を持つが、無彩色は明度だけを持つ。よってAは③が不適切である。どの色相でも白を混ぜると明度は高く、黒を混ぜると明度は低くなる。また、白を混ぜても黒を混ぜても彩度は低くなる。よってBは①が不適切である。

第2章 問48
A−② B−① C−④ D−① E−③
F−① G−① H−③ I−② J−④

解説 POINT CUS®の9色調に関連し、9色調の名称やその位置関係を覚えないと解けない問題である。類系の関係にある色調を選ぶ場合、近くにある色調を選択するが、近くにあっても斜めの位置関係にある色調は類系にならないので気をつけなければならない。また、CUS®色調図の中心に位置するdlの色調では反対色調配色は作れないことを覚えておく。

第2章 問49
A−② B−② C−② D−① E−①

解説 POINT Aの補色対比はお互いに鮮やかに見える効果なので、色相対比というよりは補色による彩度対比と言える。Bはvv−21ROにvv−1Yの色で囲むと赤みを帯びる。Cの明度対比を説明するときには、良く白・灰・黒が使われるが、無彩色だけでなく有彩色でも明度対比は起こる。

第2章 問50
A−③ B−② C−② D−④ E−①

解説 POINT 色から受ける心理効果と色の三属性を用いた配色問題である。心理効果は三属性と結びつけて考える必要がある。この問題もCUS®の表示記号から色を正確にイメージできないと解けない問題である。

第2章 問51
A−④ B−③ C−④ D−② E−①

解説 POINT CUS®の配色調和の問題である。明度や彩度に共通性があっても反対色相や反対色調を作ることができるので、明度軸や彩度軸を基本としたブロックごとの位置関係を良く覚えることが大切である。

第2章　問 52　A－③　B－①　C－②　D－④　E－③

解説 POINT ▶ 2色、もしくは3色の関係を考える問題である。配色を考える場合は、何らかの共通性を探したり、同系・類系・反対などの配色調和を考える必要がある。設問にある記号の色が、どちらのアンダートーンに属する色なのかが分かれば選択肢から答を選ぶのが容易になる。

第2章　問 53　A－②　B－①　C－②　D－①　E－②

解説 POINT ▶ Aブルーアンダートーンにも暖色系の色があり、イエローアンダートーンにも寒色系の色があることから誤りである。Cレモンの黄色は、黄色の中でも青みを強く感じるのでブルーアンダートーンに分類され、夏みかんの黄色は暖かみを感じる黄色なのでイエローアンダートーンに分類される。EYGの色相はイエローアンダートーンであるが、BGは、7BGはブルーアンダートーン、8BGはイエローアンダートーンというように、2つのアンダートーンに分かれる。

第2章　問 54　A－①　B－③　C－③　D－②　E－②

解説 POINT ▶ CUS®の反対色調配色には、明度に共通性のあるものと彩度に共通性のあるものがある。この手の問題は良く出題されるので、コツをつかんで問題を解くスピードをつける。問題集を一通り終えたら、もう一度同じ問題を繰り返して解くのも良い。

第2章　問 55　A－①　B－④　C－①　D－④　E－④

解説 POINT ▶ 眼球には層がいくつもあるので混乱しないようにする。名称が表わす部分がおおよそどの場所にあるのか推測できるようにしておく。名称・場所・役割をセットで覚える。E錐体は光を三つの信号に変えて神経に伝えるが、信号となる色は、赤・緑・青であることも覚えておく。

第2章　問 56　A-③　B-④　C-②　D-①　E-①

解説　POINT▶ ある色の「同系色相・類系色相・反対色相」を考えるときは、色相番号から推測する方法もある。同系色相なら設問にある色相番号と同じ番号か、同じ名称でくくられた番号になる。類系色相なら、最大で色相番号の差が5ある。反対色相なら色相環で対極にある色相名称の色の両隣の色相名称の色までがその範囲なので、ある色相番号から色相差が12ある色の場所から最大で色相差3までの範囲にある色であると推測できる。ただし、アンダートーン配色では、その範囲であっても配色しない色相があることを覚えておく。

第2章　問 57　A-②　B-③　C-②　D-③　E-④

解説　POINT▶ CUS®の同系・類系・反対の配色調和とアンダートーン配色、また記号から色みを想像し、これらを同時に考えなくてはならない問題である。

第2章　問 58　A-③　B-①　C-③　D-②　E-①

解説　POINT▶ 色相対比により、何色に色みが変化するかを問う問題である。CUS®色相環上で指定の色がどの位置にあるか、影響を与える背景色がどの位置にあるのかを正確に把握する必要がある。色相対比は心理補色による色みのズレであるが、心理補色の色に見える訳ではなく、心理補色の方向に近寄るものである。

第2章　問 59　A-①　B-②　C-②　D-①　E-②

解説　POINT▶ **B**明度段階の順が誤りで、Wt・Gy1・Gy2・Gy3・Bkの順である。**C**12色相環でも24色相環でも色相名は12種類である。**E**アンダートーンの分類方法であるが、黄みを帯びたように見える色をイエローアンダートーン、青みを帯びたように見える色をブルーアンダートーンというように分類している。1種類の色相が必ずしも2つのアンダートーンに分かれている訳ではない。

| 第2章　問60 | A—①　B—②　C—③　D—①

解説　POINT ▶ Aの12Bと類系色相なのは7BGだけでなく、13V、15P、16Pがあるので①が不適切である。Bの1Yと類系色相なのは23YOだけでなく、3YG、4YG、21RO、22RO、24YOがあるので②が不適切である。Cの4YGと13Vは反対色相の関係であるが同じアンダートーンではないので③が不適切である。Dの10GBの類系色相なのは14Vだけでなく8BGがあるので①が不適切である。

| 第2章　問61 | A—③　B—④　C—③　D—②　E—②

解説　POINT ▶ 色から受ける心理効果を三属性にあてはめて考えることと、同系・類系・反対の調和理論を組み合わせて考える必要がある。

| 第2章　問62 | A—⑦　B—⑫　C—⑥　D—⑧　E—⑩
　　　　　　　F—⑭　G—⑰　H—⑪　I—②　J—⑬

解説　POINT ▶ プリズムやスペクトルなどの名称や、分光や単色光などの言葉の意味を混同しないで正確に覚えることが大切である。「光の波長と色」の項目は良く出題されるので、いろいろな形式の問題を解いて慣れておく必要がある。

| 第2章　問63 | A—②　B—①　C—①　D—②　E—①

解説　POINT ▶ 色相環上で、ブルーアンダートーンの色相とイエローアンダートーンの色相をそれぞれ確認しそれぞれの配色を考える事が大切である。Aイエローアンダートーンで1Yをキーカラーとすると、赤橙、黄橙、黄緑の色相から色を選ぶことができる。Dイエローアンダートーンの21ROをキーカラーとした場合、青はブルーアンダートーンの色なので反対色相として使うことができない。

| 第2章　問64 | A—②　B—④　C—④　D—①　E—③

解説　POINT ▶ Bプリズムはガラスの3角柱のことで、ナノメートルは波長を表す単位である。ガンマ線は380nm以下の波長の光である。D蛍光灯は人工光源のひとつであり、短波長領域の光を多く含むため、青系や緑系の色を引き立たせる。E様々な色を含んでいる花束はどの波長もなんべんなく含んでいる自然光源の白色光がもっとも美しく見せる。透過色とはガラスなどを通り抜けて感じる物体色のことであり光源ではない。

第2章　問65　A—②　B—②　C—③　D—①　E—④

解説 POINT ▶ A錐体は明るいところで働き、赤・緑・青の信号に変える。B強膜はカメラの箱の部分にあたり、白眼の部分である。水晶体はカメラのレンズと同じような働きをしているが白眼の部分にはあたらない。C光は網膜上に分布している錐体によって赤・緑・青の電気信号に変えられるが、その後、視神経から大脳に伝えられる際にその信号が赤・緑・青・黄の4つの電気信号に変わる。D毛様体、水晶体、杆体、錐体のうち、筋肉なのは毛様体である。杆体、錐体は両方とも網膜上にある視細胞で、光の明暗に反応するのは杆体の方である。E私たちが日頃、暗さやまぶしさを感じるのは杆体の働きによるものであり、様々な色を識別できるのは錐体の働きによるものである。

第2章　問66　A—③　B—④　C—②　D—③　E—④

解説 POINT ▶ コントラスト配色は、色の三属性である色相・明度・彩度のどの要素でも作ることが可能である。質問に応じて、三属性のうちのどれに差をつけるかを考える必要があり、その上で色相差、明度差、彩度差をつけることが大切である。

第2章　問67　A—②　B—②　C—①　D—①　E—①

解説 POINT ▶ A16Pは紫なので寒色系には属さない。またイエローアンダートーンでも寒色系の色があるので、アンダートーンの違いが暖寒の心理効果に必ずしも結びつくものではない。B進出して感じるのは暖色系の色である。イエローアンダートーンの色には黄みが含まれているが、暖色系の色ばかりではないのでどれを組み合わせても進出して見えるというのは間違いである。Cアンダートーンに関係なく、btの色調には明るい印象があり、明度も高いので、どの色を使っても暗く重い印象にはならない。D色の膨張・収縮感は明度が大きく影響する。E色の柔らかさは明度が大きく影響するため、アンダートーンは関係しない。同じ明度同士の場合は、10GBの寒色系よりも21ROの暖色系の方が柔らかく感じられる。

第2章　問68　A—⑧　B—⑨　C—②　D—⑦　E—⑪
　　　　　　　F—⑭　G—⑲　H—⑮　I—⑫　J—①

解説 POINT ▶ Aは「明るく」見えるという言葉からも分かるように明度対比のことであり、Bは「派手」や「くすんで」という言葉から彩度対比を選ぶのが正しい。C〜Jまでは色相対比を詳しく述べたものであり、CUS®の色相環でどの色が心理補色の関係になっているかを覚える必要がある。

| 第3章 | 問01 | A—① B—④ C—③ D—② E—②

解説 POINT ▶ **A**ツーピースは、ゲルマン人が用いていたので①の記述は間違っている。**B**の④ルイ16世の時代は、マリー・アントワネットが流行をリードしていた。**C**③フレデリック・シャルト・ウォルトは、プレタ・ポルテ（高級既製服）ではなく、オート・クチュール（高級仕立て服）を始めた。**D**②日本で1953年にファッションショーを開いたのは、クリスチャン・ディオールである。その後、パリにモードがシフトした。**E**の「真知子巻き」は、映画「君の名は」から流行したものであり、日本のシネモード第一号である。

| 第3章 | 問02 | A—① B—② C—④ D—③ E—③

解説 POINT ▶ **B**ウエディングドレスは、イギリスのヴィクトリア女王が花嫁として結婚式で着用した白いドレスが始まりといわれている。**C**それまでの結婚式のドレスは、結婚式後も着用できるようにと、色に決まりがなく、ダイヤやパールといった装飾を施したものが主流だった。**D・E**また、中世以降の花嫁は、悪いことや好奇の目を避けるためにベールを身につけるようになったといわれている。

| 第3章 | 問03 | A—② B—④ C—② D—③ E—④

解説 POINT ▶ ファッションは、今日では個性を重視したものになっているが、パーソナルカラーに基づいた配色をすることが重要である。2色以上の色を組み合わせることを配色というが、これには一定のルールがあることを知っておく必要がある。

| 第3章 | 問04 | A—② B—① C—① D—④

解説 POINT ▶ **A**「ロマンティック」な配色は甘くて柔らかいイメージであるが、すっきりした色調を中心に類系色調でまとめると良い。**B**「モダン」な配色は無彩色を使い、色相や色調でコントラストをつける。**C**「ナチュラル」な配色は、中低明度・中低彩度を中心に類系色調でまとめる。**D**「ドラマティック」は、強烈なイメージを与えるもので、純色と黒でコントラストをつける。

第3章　問05　A—③　B—②　C—④　D—②　E—①

解説 POINT ▶ イメージと言葉の関係をしっかり理解し把握することが重要である。設問の文章からイメージされるのは、A①「シック」　②「モダン」　④「キュート」　B①「アクティブ」　③「エレガント」　④「ナチュラル」　C①「シンプル」　②「ダンディ」　③「スポーティ」　D①「クラシック」　③「シンプル」　④「フォーマル」　E②「ドラマティック」　③「シック」　④「プリティ」となる。

第3章　問06　A—③　B—①　C—②　D—②　E—④

解説 POINT ▶ 日本の伝統的な結婚式は、神前での結婚式である。また、日本で婚礼らしきものが始まったのは、平安時代の中ごろである。婚礼は、三日三晩続き、三日目の夜に新新婦として餅を食べる儀式があることから「三日夜の餅」といわれていた。また、色では白が尊ばれていたが、四日目になると白無垢から赤地の着物に着替える習慣があり、これが今日の「お色直し」になったといわれている。

第3章　問07　A—②　B—①　C—③　D—②

解説 POINT ▶「ファッション」という言葉は、今日では「流行」をはじめとして幅広い分野で使われる言葉であるが、もともとはラテン語の「factio」からきている。ファッションへの見方やかかわり方は生活者だけでなく、つくり手・送り手にも違った形で存在する。

第3章　問08　A—④　B—③　C—②　D—①

解説 POINT ▶ A④「素朴な」は「ナチュラル」なイメージである。B「プリティ」は無邪気で可愛いイメージがある。C「アクティブ」は快活で軽やか、活動的なイメージがある。D①の「華麗な」は「ゴージャス」を表わす言葉である。

第3章　問09　A—①　B—②　C—②　D—②　E—①

解説 POINT ▶ A・B配色の法則は「統一」と「変化」であるが、色相や色調の違ったものを組み合わせてメリハリをつけることで「変化」が生まれる。Cグラデーションとは、色相や明度、彩度を規則的に変化させることである。Dは、グラデーションの説明。コントラストは、対照的な色同士を組み合わせることによって、配色全体にダイナミックな動きをもたせる方法である。

| 第3章　問10 | A-③　B-①　C-③　D-②　E-④ |

解説 POINT ▶ ブライダルでも、ドレスやブーケなど花嫁花婿が身につけるものから会場全体の装飾に至るまで、アンダートーン配色を活かしたカラーコーディネートが提案できると良い。また、「シック」、「カジュアル」、「ロマンティック」などのイメージを理解することで、より美しい最良のひとときを演出することができる。

| 第3章　問11 | A-①　B-②　C-①　D-①　E-② |

解説 POINT ▶ **B**「ダンディ」はメンズライクでハードなイメージであり、渋さや固さが伝わるイメージである。**E**「シック」は品の良さが伝わる都会的で小粋なイメージなので落ち着いた色調による類系色相配色が適している。

| 第3章　問12 | A-②　B-①　C-②　D-① |

解説 POINT ▶ **A**仏前ではなく神前であげるのが伝統的な結婚式である。また、庶民は戦前まで裾に模様が入った黒の振袖や留袖を花嫁衣裳として着ていた。**C**平安時代から続く「三日夜の餅」は鎌倉時代ではなく、室町時代に形式が変わり、そのころから新郎の家で三々九度の杯をかわす形になったといわれている。

| 第3章　問13 | A-③　B-④　C-②　D-④　E-④ |

解説 POINT ▶ **A**グラデーションは、色を段階的に変化させることによってまとまりを与えるため、店舗のディスプレイに良く利用される方法である。日本古来の染色技法である「ぼかし」もグラデーションの一種である。**E**コントラストは、対照的な色同士を組み合わせることでダイナミックな動きをもたらす配色であるが、組み合わせる色同士の面積が同じだとバランスがとりにくい場合があるので注意する必要がある。

| 第3章　問14 | A-③　B-①　C-②　D-③　E-④ |

解説 POINT ▶ **A**高明度同士の類系色相配色で甘く柔らかいイメージである。**B**鮮やかなvvの反対色相配色に黒を組み合わせた強烈で印象的なイメージである。**C**低明度の青にグレーを配したメンズライクでクールなイメージである。**D**無彩色でまとめ、シャープで正統派のイメージである。**E**中低明度で類系色相配色は自然で素朴なイメージである。

| 第3章 | 問 15 | A－④　B－②　C－①　D－① |

解説 POINT ▶ ブライダルでテーマカラーを決めて配色することで、全体に統一感を与えることができる。**B**ブルーアンダートーンでさわやかな青空（青）をシンプルなイメージでまとめるなら、CUS® 色相で11Bの同系色相を用いるのが良い。**D**設問の文章にある「エレガント」のイメージ配色例から類系色相配色が正解である。

| 第3章 | 問 16 | A－①　B－②　C－②　D－② |

解説 POINT ▶ **B**アトリエ経営や専属マヌカンの起用、年4回のコレクション開催などを最初に行ったのは、フレデリック・シャルル・ウォルトである。**C**18世紀の上流階級の服装デザインはバロック風ではなくロココ風である。**D**は、オート・クチュールではなくプレタ・ポルテが正しい。

| 第3章 | 問 17 | A－①　B－③　C－③　D－③　E－④ |

解説 POINT ▶ **A**アクセントは、「強調」の意味があり、平凡な配色に少しの面積で反対の色相や色調を入れることで配色全体を引き締めるものである。**B**コントラストは、対照的な色や対照的な色調を組み合わせて配色全体に動きを出す「変化」のある配色である。**C**のグラデーションの一種には「ぼかし」があり、色を段階的に変化させるものがグラデーションである。**D**の統一とは、色を一定の法則によってまとまりのある配色をすることである。**E**の変化は、色相または色調の違うものを組み合わせることで色の違いを一層際立たせるもので、その方法はコントラストとアクセントである。

| 第3章 | 問 18 | A－④　B－①　C－③　D－④　E－①
F－②　G－①　H－③　I－②　J－④ |

解説 POINT ▶ ファッションやインテリアでの配色テクニックはCUS®における同系、類系反対の配色を「統一」と「変化」で考えながら、色相と色調の関係をしっかり理解することが大切である。また、統一の配色である「グラデーション」、色相や明度、彩度などの反対の色同士を組合せて動きを持たせる「コントラスト」なども同様である。

| 第3章 | 問 19 | A-④　B-③　C-③　D-③　E-③ |

解説　POINT▶　「ナチュラル」と「シック」は、類系色相の落ち着いた色調で配色すると良いが、色使いでそのイメージが変化する。その変化を確認することも大切である。E①の「ナチュラル」にも「気取りのない」というイメージがあてはまるが、反対色相配色で表現するなら、③の「カジュアル」がふさわしい。

| 第3章 | 問 20 | A-②　B-①　C-①　D-②　E-① |

解説　POINT▶　配色を大きく分けると「統一」と「変化」という2つの方法に集約することができる。「変化」を表わす配色テクニックとしては「アクセント」や「コントラスト」が代表的である。「アクセント」には「強調」という意味があり、少量の反対色相や色調で全体を引き締める効果がある。

| 第3章 | 問 21 | A-②　B-②　C-①　D-④　E-④ |

解説　POINT▶　ゲルマン人はズボンやスカートを用い、その人の体形に合わせた機能的なツーピースをつくった。B 17世紀のバロック時代になるとズボンやスカートの形が変化し、ズボンは短く、スカートは誇張されたつくりになった。C・D 19世紀になるとフレデリック・シャルル・ウォルトは、刺繍やレースを使った高級服を基本にしたアトリエを経営し、専属のマヌカンを起用していた。また、年4回のコレクションを開催し、今日のモード界の基礎を築いた。E 1960年代には、パリ発の既製服ファッションであるプレタ・ポルテが発信された。

| 第3章 | 問 22 | A-②　B-②　C-①　D-③　E-④ |

解説　POINT▶　A 日本と西洋の結婚式で身につける衣裳は「白」が共通であるが、西洋では、イギリスのヴィクトリア女王が結婚式で着た白いドレス以前は色が決まっていなかった。D・E 日本でも、古くから白と赤は婚礼色とされていたが、庶民の場合、戦前までは裾に模様が入った黒の振袖や留袖を着ていた。

第4章 問 01　A—③　B—②　C—③　D—③　E—②

解説 POINT ▶ 私たちは、普段何気なく洋服を選んだりメイクやヘアースタイルを決めたりするが、ともすると、それがちぐはぐな印象を与えていることがあるかもしれない。「自分に似合い、表現する色」であるパーソナルカラーを知ることによって、より良い印象を相手に与え、日常生活だけでなく、ビジネスシーンなどのあらゆるシーンで有効なコミュニケーションがとれることを理解しよう。

第4章 問 02　A—②　B—③　C—④　D—②　E—①

解説 POINT ▶ アンダートーンは、ブルーアンダートーンとイエローアンダートーンに分類できる。自身の基本の色と合うアンダートーンや色の三属性である色相・明度・彩度の関係をみながら、その人がどのシーズンカラーに当てはまるのかを診断する。

第4章 問 03　A—②　B—①　C—③　D—②　E—③

解説 POINT ▶ 人間の肌の色を決定づける皮膚の要素（皮膚の色素量、皮膚の血流量、肌の水分量）を理解しておくことは、その人の基本の色を知る上でも大切である。赤ちゃんの場合、水分量は体重の約80パーセントもあるが、成人では3分の2近くになることも理解しておくと良い。

第4章 問 04　A—④　B—①　C—④　D—②　E—②

解説 POINT ▶ パーソナルカラーにおける配色は、CUS®表色系にもとづいた同系、類系、反対という配色調和と、アンダートーン配色の考え方を取り入れ、同じアンダートーン同士の配色は調和するとしている。アンダートーンには、ブルーアンダートーンとイエローアンダートーンの2つがあり、その人のもつ肌、瞳、髪などの基本の色によって判断する。

第4章　問05　A-①　B-④　C-④　D-③

解説　POINT▶ パーソナルカラーの色の特徴や、メイクや小物、アクセサリーなどをパーソナルカラーシーズンタイプ別に整理して把握する必要がある。**D**どのあたりの明度、彩度の色調が似合うのか、色相では何色系が多く、あるいは少ないのか、十分にチェックしてシーズンカラーの特徴を理解することが重要である。

第4章　問06　A-②　B-①　C-③　D-③　E-④

解説　POINT▶ ディープオータムについて書かれた文書である。同じイエローアンダートーンでも、ディープオータムのシーズンカラーには、深く落ち着いた色みがそろっている。オレンジ系が多く、ブルー系、グレー系、ピンク系が少ない。中・低明度で、彩度は高・中・低のすべての範囲の色が似合う。

第4章　問07　A-②　B-①　C-③　D-③　E-④

解説　POINT▶ 真皮には、タンパク質のコラーゲンが存在し、私たちの肌にハリと弾力性を与えている。今日では、サプリメントでも良く見かけるものである。また、肌の赤みをつくる毛細血管も真皮にある。真皮は表皮と違い、外側から栄養補給ができないので、きちんとバランスの良い食生活をすることが、肌を老化させない秘訣である。

第4章　問08　A-③　B-④　C-②　D-②　E-③

解説　POINT▶ パーソナルカラーのシーズンカラーは4つあるが、それぞれイメージがある。例えば、同じブルーアンダートーンでも、パステルサマーは「ソフトで落ち着き」、ブリリアントウインターは「ハードで華やか」、というように違いがある。また同じアンダートーン同士の配色は調和する。

> 第4章　問 09　A−②　B−①　C−①　D−③　E−③

解説 POINT ▶ 肌と髪の色を決めるのは、メラニン色素である。メラニン色素には、真メラニン（ユーメラニン）と亜メラニン（フェオメラニン）の2つがあり、フェオメラニンは黄赤色である。真メラニンは、水に溶けない色素だが、強アルカリ性の溶液には少し溶ける。ブリーチは、過酸化水素水にアルカリ剤を加えたときにできる強い酸化力でメラニン色素を分解させ、明るい髪色にしている。

> 第4章　問 10　A−③　B−①　C−④　D−④　E−②

解説 POINT ▶ パーソナルカラーは、ブルーアンダートーンであるパステルサマーとブリリアントウインター、イエローアンダートーンであるブライトスプリングとディープオータムの2つに大別できる。Dブリリアントウインターでは、ハードで華やかなイメージがあり、無彩色の黒もシーズンカラーに入っている。

> 第4章　問 11　A−④　B−④　C−②　D−③　E−③

解説 POINT ▶ A髪の毛は、毛母細胞からつくられる。メラニン色素を分泌するメラノサイトは、毛母細胞に存在する。B髪の毛の構造は毛髄質、毛皮質、毛小皮から成っており、毛皮質は髪全体の95パーセントを占める。E髪の毛に含まれるメラニン色素の割合は少ないが、極端なブリーチでも髪の色が完全には抜けず、黄みがかった色に見える。

> 第4章　問 12　A−④　B−②　C−①　D−③　E−④

解説 POINT ▶ その人のもつ基本の色に沿ったメイクを心掛ける必要がある。パーソナルカラーシーズンタイプ別にファンデーションの色、アイシャドー、チークカラー、口紅の色がそれぞれ異なっていることに注意する。同じベージュやピンクでも、赤み、黄み、青みなどが多いのか少ないのかを判断できると、適切な色のアドバイスができるようになる。

第4章　問 13　A−①　B−②　C−④　D−②　E−②

解説 POINT ▶ ブライトスプリングを説明した文章である。イエローアンダートーンのブライトスプリングの特色は、明るい色を使った多色配色である。高・中明度で高・中彩度の色調が中心となる。

第4章　問 14　A−②　B−①　C−③　D−②

解説 POINT ▶ 私たちの肌、すなわち皮膚はどういう構造をしているのかをつかむ。B表皮は一般的に「肌」といわれるところであり、ターンオーバー（新陳代謝）によって、一定のサイクルで細胞が生まれ変わっていく。

第4章　問 15　A−③　B−③　C−④　D−④　E−②

解説 POINT ▶「自分色」であるパーソナルカラーを知るには、まず自分の基本の色（髪、瞳、肌）を知ることから始まる。それには、髪、目、肌の構造を知っておくことが大切である。Eフェオメラニンはメラニン色素であり、黄赤色の亜メラニンをフェオメラニン、黒褐色の真メラニンをユーメラニンという。

第4章　問 16　A−②　B−①　C−③　D−③　E−④

解説 POINT ▶ 各パーソナルカラーシーズンタイプで使うアクセサリーやメガネフレーム、ヘアカラー、メイクの色を知っておく必要がある。シーズンごとの色相の特徴などを覚えていないと難しい。Eはブライトスプリングのアクセサリーだが、ブルーアンダートーンの人に似合う①と②は間違いであることがわかる。ブライトスプリングは、「可愛い」ものが似合うので、④が正解である。

| 第4章 | 問 17 | A-④　B-②　C-④　D-①　E-② |

解説 POINT ▶ A髪の毛や皮膚に存在するメラノサイトは、髪の毛や肌の色を決める。B・Cメラノサイトは、髪の毛では毛母細胞の間にあり、肌では表皮の基底層にある。D日本人の髪の毛の色は黒いが、それは真メラニンの作用である。E日本人には、メラニン色素が適量にあるので、シミやそばかす、シワが比較的少ない傾向にある。

| 第4章 | 問 18 | A-③　B-①　C-②　D-①　E-② |

解説 POINT ▶ ビジネスシーンにおいても、パーソナルカラーを用いることで周囲により良い印象を与えることができる。男性の場合はスーツが基本だが、一見かわり映えしないように感じるスーツ、シャツやネクタイの色、柄にも特徴がある。Aでは、パステルサマーのホワイトを知っていれば答えが導き出せる。ソフトで落ち着いた感じなので、ネクタイの色は、シャツと同系色でまとめると良い。C・Dブライトスプリングでは、明るい色を使うことができる。ディープオータムの場合は、ネクタイをアクセントに用いると美しいコーディネートができる。Eブリリアントウインターの場合は、色みをほとんど感じない高明度のアイシーカラーを使ったシャツにブラックのスーツといったコントラストが楽しめる。

| 第4章 | 問 19 | A-②　B-①　C-③　D-④　E-④
F-②　G-②　H-①　I-③　J-④ |

解説 POINT ▶ パステルサマーの人は「エレガント」で上品な印象があり、青みがかったピンクやラベンダーなどのパステルカラーが適している。ブリリアントウインターの人は、「モダン」でシャープな印象があり、ハードで華やかな色や無彩色によるコントラスト配色が似合う。ブライトスプリングの人は若々しく「キュート」な印象があり、イエローアンダートーンの明るく澄んだ色による軽やかなコーディネートが似合う。ディープオータムの人は大人っぽく「シック」な印象があり、落ち着いて深みのあるアースカラーをセンス良く着こなすことができる。

| 第4章 | 問 20 | A-①　B-④　C-③　D-②　E-③ |

解説 POINT ▶ 人間の皮膚は「表皮」「真皮」「皮下組織」からなり、外側の表皮には幾重にも細胞が積み重なっている。表皮にあって肌の色を左右するメラニン色素や、皮膚にハリと弾力性を与える真皮の構造を理解する必要がある。

| 第4章 問21 | A-①　B-③　C-③　D-③ |

解説 POINT ▶ ヘアメイクは信仰色と結びつき、その歴史は古くからある。弥生時代になると、化粧の色は赤から白に変わっていく。平安時代になると、白粉や鉄漿など日本独特の化粧方法が確立された。江戸後期になると、口紅が町人の間で流行し、明治・大正時代に入ってから西洋からの化粧法が職業婦人の間で取り入れられていった。

| 第4章 問22 | A-②　B-①　C-③　D-④　E-②
F-③　G-①　H-②　I-③　J-④ |

解説 POINT ▶ CUS®は同じアンダートーン同士の色は調和するという配色理論であるが、これを人の色に応用したのが「パーソナルカラー」である。自分の魅力を引き出してくれる色を知り、活用することでその人らしさの表現が豊かになる。パーソナルカラーシーズンタイプの特徴や似合う配色をしっかり理解し把握することが大切である。

| 第4章 問23 | A-②　B-③　C-④　D-③　E-②
F-②　G-③　H-④　I-③　J-② |

解説 POINT ▶ 人間の肌の色を決定づけるのは、メラニン色素の量、皮膚の血流量、肌の水分量である。メラニン色素の量が少ないと肌はピンク色を帯び、逆に多いと黒く見える。皮膚の血流は、循環が悪かったり加齢によって暗く沈んで見えたりする。I・J成人の理想的な肌の水分量は、15～20パーセント前後といわれている。水分が不足すると、肌にハリや弾力性がなくなる。

| 第4章 問24 | A-②　B-③　C-④ |

解説 POINT ▶ A②アクセサリーについても各シーズンで似合う材質やデザインがある。ブルーアンダートーンの人はシルバー系、イエローアンダートーンの人はゴールド系のアクセサリーをすると良いが、シルバーやゴールドのテクスチャーの違いでさらに細かく分類される。

模擬試験

第1回 ……………… 172〜185ページ
第2回 ……………… 186〜199ページ

実際の
検定試験を想定して
チャレンジしてみましょう

模試1 問01

次の記述のうち、正しいものを1つ選んで解答欄に記入しなさい。

A
①納戸色は江戸時代に流行した明るい緑みの青である。
②砥粉色は鮮やかできれいな黄色である。
③千歳緑は明るい緑色である。
④鉄色は藍染めの渋くて濃い緑青である。

B
①桔梗色は襲色目にも使われた冴えた青紫である。
②江戸紫は紫草の根で染めた赤みの強い紫である。
③萌葱色は冴えた青緑で萌木とも書く。
④刈安色は刈安を細かく切って染料とした鈍い黄色である。

C
①千利休が好んだ色に、灰みを帯びた利休茶という色がある。
②路考茶は歌舞伎役者にちなんだ色名である。
③銀鼠は鉛のような暗い灰色である。
④濃い紫系の青で江戸時代に流行した色を新橋色という。

D
①冠位十二階では階級を表わす色は上から紫・青・赤・黄・白・黒である。
②冠位十二階では階級を表わす色は上から青・赤・黄・紫・白・黒である。
③冠位十二階では階級を表わす色は上から黄・青・紫・赤・黒・白である。
④冠位十二階では階級を表わす色は上から赤・青・紫・黄・黒・白である。

E
①冠位十二階は天武天皇の頃に制定された。
②禁色の制は持統天皇の頃に出された。
③禁色の制では支子色、蘇芳色などは禁色だった。
④禁色の濃い色は「聴色」として使用が許された。

模試1 問02

次の記述のうち、正しいものを1つ選んで解答欄に記入しなさい。

A
①薄く藍をかけたような鈍い灰色を鈍色という。
②青みを感じる灰色を生成色という。
③鉛の色のような青みを帯びた灰色を墨色という。
④墨色を薄くした淡い灰色を消炭色という。

B
①灰色を帯びた生成の色をグレーベージュという。
②暖かみのある低明度のグレーをライトウォームグレーという。
③木炭のようにごく薄い紫を帯びた灰色をライトトゥルーグレーという。
④明るいグレーをチャコールグレーという。

C
①最も暗い黒色を青鈍という。
②牡蠣の殻から作られる、やや黄みの白を胡粉色という。
③牡牛や山羊をなめした皮の色に由来する、黄みの白をアイボリーという。
④柔らかい雪のような純白をバフという。

D
①象牙のような白をオイスターホワイトという。
②わずかに灰みのある白を卵の花色という。
③くすんで灰みがかった紫を薄墨色という。
④自然そのものの糸や生地に由来する色を生成色という。

E
①3原色のひとつで明るい赤紫をフクシャという。
②ツルニチニチ草の赤みを帯びた青をオーキッドという。
③合成染料の青みがかった濃い紫をモーブという。
④ランの花の濃紫色をラベンダーという。

模試1 問03

次の文章の空欄に当てはまる語句を語群より選び解答欄に記入しなさい。

A （ A ）は酒の名前でもあり、明るい黄緑色である。
①ライムグリーン ②シャルトルーズ
③モスグリーン ④オリーブグリーン

B その実が熟す前の濃い黄緑色の（ B ）は緑系統の色である。
①ライムグリーン ②シャルトルーズ
③モスグリーン ④オリーブグリーン

C コケのようにくすんだ黄緑色を（ C ）という。
①シャルトルーズ ②イエローグリーン
③ジェードグリーン ④モスグリーン

D 宝石の翡翠を意味する名称をもつのは（ D ）である。
①シャルトルーズ ②フォレストグリーン
③ジェードグリーン ④モスグリーン

E （ E ）は果実の色を表すことからその名称がつけられている。
①エメラルドグリーン ②ライムグリーン
③イエローグリーン ④ジェードグリーン

模試1 問04

次の記述のうち、正しいものを1つ選んで解答欄に記入しなさい。

A
①黄色系統の色でも黄橙と雌黄では、雌黄の方が明度が高い色である。
②赤系統の色でもオレンジレッドとラストでは、ラストの方が明度が高い色である。
③緑系統の色でも萌葱色と千歳緑では千歳緑の方が明度が高い色である。
④橙系統の色でもピーチとオレンジでは、オレンジの方が明度が高い色である。

B
①黄系統の色でも鬱金色と砥粉色では、砥粉色の方が彩度が高い色である。
②緑系統の色でも若草色と苔色では、苔色の方が彩度が高い色である。
③赤系統の色でも小豆色と茜色とでは、茜色の方が彩度が高い色である。
④橙系の色でも洗柿と柿色では洗柿の方が彩度が高い色である。

C
①橙系統の色でも蒲色と蘇比では蒲色の方が明度が高い色である。
②緑系統の色でも百緑と苔色では百緑の方が明度が高い色である。
③赤系統の色でも灰桜と猩々緋では猩々緋の方が明度が高い色である。
④黄色系統の色でもキャメルとライトウォームベージュではキャメルの方が明度が高い色である。

D
①緑系統の色でもモスグリーンとシャルトルーズではモスグリーンの方が明度が高い色である。
②橙系統の色でも黄丹と洗朱では洗朱の方が彩度が高い色である。
③黄色系統の色でもマスタードとイエローゴールドでは、イエローゴールドの方が明度が高い色である。
④赤系統の色でも韓紅花と真朱では真朱の方が彩度が高い色である。

E
①黄系統の色でも黄朽葉と黄橡では黄橡の方が明度が高い色である。
②緑系統の色でもフォレストグリーンとライムグリーンではフォレストグリーンの方が明度が高い色である。
③赤系統の色でも蘇芳色と薄紅では、蘇芳色の方が明度が高い色である。
④橙系統の色でも柑子色と弁柄色では柑子色の方が明度が高い色である。

模試1 問05

次の文章の空欄に当てはまる語句を語群より選び解答欄に記入しなさい。

イギリスの物理学者の（ A ）は太陽光を（ B ）というガラスの3角柱に通して虹色の光の帯を発見した。この光の帯のことを（ C ）と言う。また、このように太陽光を虹色のように一色ずつの光に分けることを（ D ）と言う。（ C ）は人の眼に見えることから（ E ）と呼び、その波長領域は約（ F ）〜（ G ）nmである。（ F ）nmに最も近い光は短波長と言い、（ H ）色の光がその波長の色になる。この（ F ）よりも波長が短い（ I ）を浴びると日焼けや色あせなどの原因になる。また、トマトが赤く見えるのは（ J ）以外の光を吸収しているからである。

A ①ウォルト　②ニュートン　③パーキン　④ヴィクトリア

B ①スピクトル　②プレズム　③スペクトル　④プリズム

C ①スペクトル　②レインボー　③波長帯　④プリズム

D ①分射　②分光　③分波長　④分裂

E ①可視光線　②紫外線　③ガンマ線　④レーダー線

F ①280　②320　③350　④380

G ①780　②850　③880　④980

H ①緑　②緑青　③青緑　④青紫

I ①テレビ線　②ガンマ線　③紫外線　④X線

J ①短波長　②短波長から中波長　③中波長　④長波長

模試1 問06

次の記述のうち正しいものを1つ選んで解答欄に記入しなさい。

A
①虹彩は、カメラに例えると箱の部分である。
②虹彩は、カメラに例えるとレンズの部分である。
③虹彩は、カメラに例えると絞りの部分である。
④虹彩は、カメラに例えるとフィルムの部分である。

B
①強膜は、眼球の中で白眼の部分にあたる。
②強膜は、眼球の中で黒眼の部分にあたる。
③強膜は、眼球の中で瞳孔の部分にあたる。
④強膜は、眼球の中で視神経の部分にあたる。

C
①脈絡膜の働きは、まぶしすぎないように光をさえぎることである。
②脈絡膜の働きは、ほこりやゴミが眼に入らないようにすることである。
③脈絡膜の働きは、正しく像を結ぶためピントをあわせることである。
④脈絡膜の働きは、眼に栄養分を運ぶことである。

D
①視神経は、まぶしさを感知する役割がある。
②視神経は、赤・緑・青の色を感知する役割がある。
③視神経は、視細胞からの赤・緑・青の3つの信号を大脳に送る役割がある。
④視神経は、正しく像を結ぶ役割がある。

E
①毛様体とは筋肉のことであり、光の量を調節するためのものである。
②毛様体とは筋肉のことであり、水晶体の厚みを調整するためのものである。
③毛様体とは細胞のことであり、色をよく感じさせるためのものである。
④毛様体とは細胞のことであり、明るさを感じさせるためのものである。

模試1 問07

次の文章の空欄に当てはまる語句を語群より選び解答欄に記入しなさい。

色が人の五感に訴える心理的効果は三属性と深く関わっている。暖かさや冷たさというような温度感は三属性のうちの（ A ）に関係し、（ B ）色などの温度感を感じない色のことを（ C ）という。 軽さや重さというような重量感は三属性のうちの（ D ）に関係し、柔らかさや硬さなどの感覚もこの要素が関係している。赤・橙・黄などの（ E ）の色は、（ F ）にも影響を与えることから食品のパッケージにも良く使われる。 また、同じ距離にあっても近くに感じる（ G ）色や遠くに感じる（ H ）色のような距離感は三属性のうち主に（ I ）が関係している。
碁石を見てみると、白い石より黒い石の方が（ J ）作ってあるなど、私たちの身近な所で色の心理効果は応用されている。

■A ①色相　②明度　③彩度　④色調

■B ①ピンク　②ネイビー　③茶　④紫

■C ①中間色　②中性色　③無感色　④中温色

■D ①色相　②明度　③彩度　④色調

■E ①暖色系　②寒色系　③中間色系　④中性色系

■F ①温度感　②信頼感　③誠実さ　④味覚

■G ①膨張　②近景　③進出　④接近

■H ①収縮　②遠景　③後退　④後方

■I ①色相　②明度　③彩度　④色調

■J ①楕円に　②大きく　③小さく　④薄く

模試1 問08

次の文章の空欄に当てはまる語句を語群より選び解答欄に記入しなさい。

配色を考える場合、CUS®では有彩色を明度や彩度の高・中・低により色調を（ A ）色調に分けて考える。この色調は明度軸を基本にCUS®色調図というブロックに当てはめることができる。高明度ブロックにはpaleと（ B ）とbrightがある。paleは（ C ）というイメージ、（ B ）はすっきりしたというイメージ、brightは（ D ）というイメージの色調である。
中明度ブロックにも3つの色調があり、低彩度から高彩度の方へ略号で（ E ）と並んでいる。dlは（ F ）と読み（ G ）というイメージの色調である。低明度ブロックにはtoo darkとdarkとdeepがある。このCUS®色調図では、clとdkの関係は（ H ）は異なるが（ I ）には共通性のある色調ということが分かる。vvの色調に対して、彩度は異なるが明度に共通性のある色調は（ J ）になる。

A ①7 ②8 ③9 ④10

B ①cool ②call ③cell ④clear

C ①優しい ②冷たい ③小さい ④灰味の

D ①強い ②弱い ③派手な ④明るい

E ①lg・dl・vv ②vv・dl・lg ③dl・vv・lg ④dl・lg・vv

F ①ドル ②ダル ③デル ④ディール

G ①暗い ②地味な ③深い ④濃い

H ①明度 ②彩度 ③明度・彩度 ④色相・彩度

I ①明度 ②彩度 ③明度・彩度 ④色相・彩度

J ①bt ②dp ③lg ④pl

模試1 問09

次の配色の答えとして最も適切なものを選び解答欄に記入しなさい。

A イエローアンダートーンの同系色相配色　　vv-21RO　　A

①bt-20R　②bt-24YO　③bt-23YO　④bt-21RO

B ブルーアンダートーンの反対色相配色　　vv-2Y　　B

①vv-14V　②vv-17RP　③vv-10GB　④vv-13V

C イエローアンダートーンの反対色相配色　　vv-1Y　　C

①vv-14V　②vv-3YG　③vv-16P　④vv-8BG

D ブルーアンダートーンの同系色相配色　　vv-5G　　D

①dp-2Y　②dp-19R　③dp-5G　④dp-11B

E イエローアンダートーンの類系色相配色　　vv-10GB　　E

①vv-11B　②vv-1Y　③vv-7BG　④vv-8BG

模試 1 問 10

次の文章の空欄に当てはまる語句を語群より選び解答欄に記入しなさい。

小さな灰色の図の背景色を白にすると、その灰色の図は（　A　）見え、黒を背景色にすると（　B　）見える。また、灰色の図を細かい白のネットで覆うと、図の灰色の部分は（　C　）見え、黒いネットにすると（　D　）見える。前者も後者も色の三属性の（　E　）が変化して見える現象である。これらの現象は白・灰・黒のような（　F　）だけに起こるのではない。例えば、dl－3YGの図の背景色を有彩色の（　G　）にするとdl－3YGは暗く、（　H　）では明るく見える。このように私たちの周りに存在する色の世界は1色だけで作られているのではなく、隣り合う色が影響し、変化して見えるものである。お互いの色の見え方が離れるように変化する現象を（　I　）といい、お互いの色が近づくように変化する現象を（　J　）という。

A ①鮮やかに　②明るく　③くすんで　④暗く

B ①鮮やかに　②明るく　③くすんで　④暗く

C ①沈んで　②明るく　③浮いて　④暗く

D ①沈んで　②明るく　③浮いて　④暗く

E ①明度　②色相　③色調　④彩度

F ①明清色　②有彩色　③無彩色　④暗清色

G ①bt－3YG　②td－3YG　③dk－3YG　④dp－3YG

H ①vv－3YG　②bt－3YG　③cl－3YG　④dk－3YG

I ①反発　②対比　③対照　④反対

J ①類似　②同色　③同一　④同化

模試1 問11

次の質問の答として最も適切なものを選び解答欄に記入しなさい。

A イエローアンダートーンの色相のグラデーションを選びなさい。
①lg−21RO・lg−23YO・lg−1Y・lg−3YG
②vv−2Y・bt−5G・bt−11B・lg−15P
③dl−1Y・dl−5G・dl−9GB・dl−13V
④vv−13V・vv−11B・vv−8BG・vv−4YG

B ブルーアンダートーンのコントラスト配色を選びなさい。
①vv−14V・vv−1Y・vv−15P
②bt−13V・bt−1Y・bt−9GB
③vv−13V・vv−2Y・vv−15P
④bt−13V・bt−2Y・bt−10GB

C 「統一」を表わすブルーアンダートーンの配色を選びなさい。
①pl−11B・cl−11B・bt−11B
②pl−23YO・cl−21RO・vv−21RO
③dl−3YG・dl−5G・dl−6G
④td−7BG・td−17RP・td−20R

D 「変化」を表わすイエローアンダートーンの配色を選びなさい。
①pl−11B・cl−1Y
②pl−21RO・td−9GB
③vv−3YG・bt−17RP
④lg−19R・dp−19R

E イエローアンダートーンのコントラスト配色を選びなさい。
①pl−11B・dk−1Y
②cl−1Y・vv−14V
③bt−3YG・vv-11B
④pl−19R・cl−19R

模試1 問12

次の文章の空欄に当てはまる語句を語群より選び解答欄に記入しなさい。

西洋の服飾の歴史において、時代の移り変わりとともにその形やデザインはさまざまに変化を遂げた。現代では当たり前になっているズボンやスカートのスタイルは、（ A ）の文化がつくり出したものである。中世になると、これまでの機能性に装飾美が加えられた。18世紀のフランスでは、上流階級の服装は優美な（ B ）に変わっていった。この頃流行をリードしたのは（ C ）である。19世紀に入り、ナポレオン3世の王妃の専任デザイナーであったフレデリック・シャルル・ウォルトは、「（ D ）」と呼ばれ、（ E ）を始めたことでも知られる。また、日本で洋服が本格的に大衆化するのは、（ F ）の時代からである。特に戦後（ G ）の登場によって、日本のファッション界はパリのモードにシフトしていく。1952年には、女優の岸恵子が演じた映画の中で「（ H ）」というスタイルが流行したが、これは日本の（ I ）の始まりとされている。その後、モード界の常識を打ち破って、（ J ）が生まれた。

A ①エジプト人　②ギリシア人　③ゲルマン人　④ローマ人

B ①バロック風　②ルネッサンス風　③宮廷風　④ロココ風

C ①ココ・シャネル　②ウージェニー　③マリー・アントワネット　④エリザベスⅠ世

D ①モードの先駆者　②モードの王様　③モードの女王　④社交界のデザイナー

E ①プレタ・ポルテ　②ファッションショー　③オート・クチュール　④服の収集

F ①明治初期　②明治末期　③大正　④昭和

G ①クリスチャン・ラクロワ　②ココ・シャネル　③クリスチャン・ディオール　④ニナ・リッチ

H ①恵子巻き　②ディオール巻き　③真知子巻き　④シャネル巻き

I ①コレクション　②シネモード　③オート・クチュール　④プレタ・ポルテ

J ①ミニスカート　②ロングスカート　③ホットパンツ　④バギーパンツ

模試1 問13

次の文章の空欄に当てはまる語句を語群より選び解答欄に記入しなさい。

髪の色もパーソナルカラーを決める重要な要素の一つである。
髪の色は（　A　）の種類や大きさ、量によって決まると言われるが、色素や量が増えると、髪は（　B　）に見える。（　A　）の種類は主に2つあるが、日本人の黒髪は（　C　）、つまり（　D　）の作用によるものである。また、毛髪に含まれる（　A　）の割合は（　E　）パーセント以下である。

A ①メラノサイト　②毛母細胞　③メラニン色素　④アミノ酸

B ①褐色　②黒　③茶色　④黄色

C ①メジュラ　②フェオメラニン　③ユーメラニン　④チロシン

D ①真メラニン　②亜メラニン　③真メラノサイト　④亜メラノサイト

E ①5　②50　③3　④30

模試1 問14

次の文章の空欄に当てはまる語句を語群より選び解答欄に記入しなさい。

アンダートーンで分類されるシーズンカラーは、色相と（　A　）の要素を持つ色調で表す事ができる。パステルサマーの人の似合うシーズンカラーは、明度が（　B　）、彩度は（　C　）の色調の色が中心で、（　D　）が良く似合う。同じブルーアンダートーンでも（　E　）は、（　F　）の色調が良く似合う。また、他のシーズンにはない（　G　）が似合うのも特徴で、（　H　）が得意である。色相では両方とも（　I　）がなく、（　J　）が少ないことが共通している。

A ①明度と色味度　②彩度と色味度　③明度と彩度　④明度と輝度

B ①中〜高明度　②低〜中明度　③低明度　④高明度

C ①中〜高彩度　②低〜中彩度　③低彩度　④高彩度

D ①ソフトなコントラスト配色　②ハードなコントラスト配色
　　③ソフトなグラデーション配色　④ハードなグラデーション配色

E ①ブライトスプリング　②ブリリアントウインター
　　③ディープオータム　④ブルーウインター

F ①中明度で高彩度　②高明度で高彩度
　　③中明度で低彩度　④中明度で中彩度

G ①ホワイト　②グレー　③ブラック　④ブラウン

H ①セパレーション配色　②コントラスト配色
　　③ナチュラル配色　④グラデーション配色

I ①レッド系　②ブラウン系　③ブルー系　④オレンジ系

J ①イエロー系　②グリーン系　③オレンジ系　④パープル系

模試2 問01

次の文章の空欄に当てはまる語句を語群より選び解答欄に記入しなさい。

A 藍染めの淡い色を（ A ）という。
　①浅葱色　②空色　③白群　④水縹

B 花の汁で染めた（ B ）は鮮やかな青である。
　①露草色　②浅葱色　③縹色　④藍色

C トルコ石のような（ C ）は青緑色である。
　①ロイヤルブルー　②ティールブルー
　③ターコイズ　④パステルアクア

D 七宝のひとつの色に由来する（ D ）は冴えた青紫である。
　①ターコイズ　②瑠璃色
　③ロイヤルブルー　④縹色

E 明るく澄んだブルーは（ E ）である。
　①ロイヤルブルー　②トゥルーブルー
　③パウダーブルー　④ターコイズ

F その葉の裏側の色に似た（ F ）は渋い緑である。
　①苔色　②若竹色　③若草色　④柳色

G 西洋すももの実の色が色名の由来となる色は（ G ）である。
　①マゼンタ　②プラム　③ピーチ　④アプリコット

H ある植物の穂のように濃い赤橙色は（ H ）である。
　①洗朱　②テラコッタ　③蒲色　④鉛丹色

I 卯の花色は（ I ）をしている。
　①白い色　②ピンク色　③ベージュ色　④灰色

J 顔料に由来する濃い赤橙色は（ J ）である。
　①蘇比　②鉛丹色　③洗朱　④萱草色

模試2 問02

次の記述のうち、正しいものを1つ選んで解答欄に記入しなさい。

A
①橙は精神に深い影響をもたらし左脳と関連して直感力をかきたてる。
②青紫は高貴、神秘性をイメージし、赤紫は華やかさを象徴する。
③青は自律神経の中の交感神経に働き脈拍や呼吸を落ち着かせる。
④青は平和や安全、自由を意味し、安定や成功などの言葉を連想させる。

B
①緑は勇気、実行力などをイメージさせ、興奮を高めたり決断を促す効果もある。
②橙に白や黒が加わるとピンクや臙脂色となり、色のイメージも変わる。
③黄は陽気、元気、楽しさなどをイメージさせ、気持ちを前向きにさせる。
④赤と黒の組み合わせは良く目立つため、注意を促す道路標識に使われている。

C
①青は日本では背広や制服の色としても馴染み深い色である。
②赤は自律神経の中の副交感神経に働き興奮を高めたり、決断を促す効果ががある。
③紫は理想、安心、静寂などをイメージさせ、心を落ち着かせてくれる。
④緑は誠実さや確実性、忠誠心、信頼性や地位の高さを表わす。

D
①白は光を反射することなく全ての色を吸収してしまう。
②白は心理的には全てを覆い隠したいという保護色的な意味合いがある。
③黒は威厳、力強さ、都会的な雰囲気を持つ色である。
④黒は食欲を増進させる色といわれている。

E
①灰色は色みを持たないので、安全や夢幻的なものを連想させる。
②灰色は江戸時代には、茶色とともに粋な色として大流行した。
③紫は個性的な色であり、濃い紫は歓喜を表わす。
④緑は脳の興奮を鎮め、心のバランスをとり空想力を刺激する色である。

模試2 問03

次の記述のうち、正しいものを1つ選んで解答欄に記入しなさい。

A
①藍に紅花を掛け合わせて染めたくすんだ紫を牡丹という。
②二藍や滅紫のようにくすんだ紫を江戸紫という。
③濃い紺紫を茄子紺という。
④藍と紅花で染めた鮮やかな青紫を京紫という。

B
①藍草で染めた濃い青を水縹という。
②イギリス海軍の軍服の色にちなんだ色をネービーブルーという。
③藍色より薄く鈍い青を浅葱色という。
④純色に近い鮮やかなブルーをティールブルーという。

C
①翡翠の緑色をシャルトルーズという。
②苔のように爽やかな黄緑色を苔色という。
③その鳥の羽毛の色に由来する冴えた黄緑色を鶸色という。
④薄い緑色を若草色という。

D
①黄色顔料の色で明るい黄色を黄橡という。
②団栗の緑みの黄褐色を雌黄という。
③黄みの強い鮮やかな黄色をキャメルという。
④からし菜の意味を持つ、くすんだ黄色をマスタードという。

E
①顔料に由来する濃い赤橙を蘇比という。
②金盞花の花のような明るい黄橙を蒲色という。
③茜と灰汁で染められた薄い赤橙を洗朱という。
④焼いた土器のような色をテラコッタという。

模試2 問04

次の記述のうち、正しいものを1つ選んで解答欄に記入しなさい。

A
①青系統の色でも空色と縹色では空色の方が明度が低い色である。
②グレー系統の色でもチャコールブルーグレーとグレーベージュではグレーベージュの方が明度が低い色である。
③紫系統の色でも藤色と茄子紺では藤色の方が明度が低い色である。
④白系統の色でも卵の花色と灰白色では灰白色の方が明度が低い色である。

B
①グレー系統の色でも鼠色と青鈍では青鈍の方が彩度が低い色である。
②紫系統の色でもマゼンタとプラムではマゼンタの方が彩度が低い色である。
③青系統の色でも浅葱色と納戸色では納戸色の方が彩度が低い色である。
④グレー系統の色でも利休鼠と銀鼠では利休鼠の方が明度が低い色である。

C
①紫系統の色でもラベンダーとロイヤルパープルではロイヤルパープルの方が明度が低い色である。
②グレー系統の色でもチャコールグレーとライトトゥルーグレーではライトトゥルーグレーの方が明度が低い色である。
③青系統の色でもトゥルーブルーとパステルアクアではパステルアクアの方が明度が低い色である。
④紫系統の色でも楝色と菖蒲色では楝色の方が明度が低い色である。

D
①紫系統の色でもフクシャと二藍ではフクシャの方が彩度が低い色である。
②青系統の色でも新橋色と鉄色では鉄色の方が明度が低い色である。
③白系統の色でもオイスターホワイトとピュアーホワイトではオイスターホワイトの方が彩度が低い色である。
④紫系統の色でも滅紫と江戸紫では江戸紫の方が彩度が低い色である。

E
①青系統の色でもパウダーブルーとティールブルーではパウダーブルーの方が明度が低い色である。
②紫系統の色でも若紫と京紫では京紫の方が明度が低い色である。
③青系統の色でも白群と藍色では白群の方が明度が低い色である。
④グレー系統の色でも消炭色と薄墨色では薄墨色の方が明度が低い色である。

模試2 問05

次の文章の空欄に当てはまる語句を語群より選び解答欄に記入しなさい。

人間の眼はカメラのような構造をしているといえる。例えば、カメラの箱にあたるのは（ A ）で、絞りにあたるのは（ B ）である。（ C ）と（ D ）はレンズの役割をしている。（ C ）は黒眼を被う膜であり、ここで光が（ E ）し、（ D ）は正しく像が結ばれるように厚さを調整する。眼に入った光はフィルムと同じ働きをする（ F ）上の（ G ）で像を結ぶ。（ F ）には2つの視細胞があり、明るいところで色に反応する（ H ）と主に暗いところで働き、光の明暗に反応する（ I ）があり、その信号は視神経から（ J ）に送られ、色として知覚される。

A ①脈絡膜　②強膜　③網膜　④水晶体

B ①虹彩　②水晶体　③毛様体　④瞳孔

C ①強膜　②角膜　③水晶体　④虹彩

D ①水晶体　②虹彩　③瞳孔　④角膜

E ①散乱　②反射　③拡散　④屈折

F ①中心窩　②角膜　③網膜　④黄斑

G ①黄斑　②中心窩　③角膜　④視神経

H ①錐体　②明細胞　③杆体　④暗細胞

I ①錐体　②水晶体　③杆体　④毛様

J ①小脳　②中脳　③大脳　④知脳

模試2　問06

次の文章の空欄に当てはまる語句を語群より選び解答欄に記入しなさい。

白い箱と黒い箱では黒い箱の方が重く見える。それは色の（ A ）といわれ（ B ）の差が大きいほどその違いがはっきり現れる。ダークグレーのスーツに白いストライプの柄が入るとそのグレーは本来よりも（ C ）見える。それは（ D ）といわれ、みかんを赤いネットに入れて販売する方法もこの現象を利用している。これらはお互いの色の三属性の特徴に近づいて見える効果であるが、にんにくに白いネットをするのは（ E ）を近づけるためである。7BGと（ F ）を組み合わせた配色は補色対比と呼ばれお互いを強調しあう効果がある。（ G ）の色調のように（ H ）が高いほど影響は大きい。またvv-23YOがより黄みを帯びて見える背景色は（ I ）で、この現象は（ J ）といわれている。

A ①同化　②対比　③心理効果　④配色効果

B ①色相　②明度　③彩度　④アンダートーン

C ①鮮やか　②色みを帯びて　③暗く　④明るく

D ①同化　②対比　③心理効果　④配色効果

E ①色相　②明度　③彩度　④アンダートーン

F ①9R　②19R　③9GB　④19RP

G ①pl　②td　③vv　④dk

H ①明度　②彩度　③青み　④黄み

I ①vv-1Y　②vv-7BG　③vv-11B　④vv-19R

J ①色相対比　②色相の同化　③補色対比　④補色残像

模試2 問07

次の記述に続く文章を選び解答欄に記入しなさい。

A 「lg−11B」と「Gy2」は、
①両方とも無彩色である。
②両方ともインパクトのある色である。
③「lg−11B」は寒色、「Gy2」は暖色である。
④中明度という共通点がある。

B 「vv−19R」と「lg−7BG」は、
①「vv−19R」は有彩色、「lg−7BG」は無彩色である。
②色相・明度・彩度の全てにおいて共通性がない。
③色相・彩度には共通性はないが、明度には共通性がある。
④「vv−19R」は後退色、「lg−7BG」は進出色である。

C 「bt−3YG」と「td−17RP」は、
①両方ともブルーアンダートーンの色である。
②アンダートーンが異なる。
③明度・彩度には共通性はないが、色相には共通性がある。
④「bt−3YG」が収縮色、「td−17RP」が膨張色である。

D 「vv−11B」と「vv−13V」と「vv−15P」は、
①全てブルーアンダートーンの色である。
②全てイエローアンダートーンの色である。
③全て寒色である。
④全て進出色である。

E 「bt−23YO」と「vv−23YO」と「dp−23YO」は、
①色相・明度には共通性があるが、彩度には共通性はない。
②全てイエローアンダートーンの色である。
③すべてブルーアンダートーンの色である。
④明度と彩度には共通点があるが色相には共通点がない。

模試2 問08

次の文章の空欄に当てはまる語句を語群より選び解答欄に記入しなさい。

CUS®は、配色調和を実務的に行うためにまとめられた色彩体系であるが、配色を色相で考える場合、色相環上のキーカラーから角度が90度以内の範囲、またはキーカラーをはさんだ（ A ）度以内にある色と組み合わせることを（ B ）配色という。また、キーカラーと向かい合う（ C ）度以内の色を組み合わせることを反対色相配色という。特にキーカラーと180度の位置にある反対側の色を組み合わせることを（ D ）配色と呼んでいるが、（ E ）のように鮮やかで色みの強い色同士を組み合わせる場合は、明度が近いと文字などが読みづらいので配慮が必要である。この色彩体系を色調で考える場合、dlとclを組み合わせた（ F ）配色やplとdpを組み合わせた（ G ）配色がある。plとdpは明度・彩度ともに差が大きいが、（ G ）配色にはlgとvvのように（ H ）差だけが大きいものもある。私たちは、ひまわりの花びらを「彩度が高い黄色」と感じる人と「明度が高い黄色」と感じる人が存在するように（ I ）をはっきり識別している訳ではないが、同じ色調の色は（ J ）が似ているため、色のイメージが浮かびやすいという利点がある。

A ①15　②30　③45　④90

B ①類型色相　②類系色相　③同類色相　④類似色相

C ①30　②45　③90　④180

D ①対比　②同化　③補色　④対照

E ①暖色　②中性色　③純色　④有彩色

F ①同系色調　②類系色調　③類似色調　④中差色調

G ①反対色調　②対照色調　③補色色調　④反対系

H ①色相　②明度　③彩度　④色相・明度

I ①色相　②明度　③彩度　④三属性

J ①色の印象　②明度効果　③アンダートーン　④色の対比効果

模試2 問09

次の文章の空欄に当てはまる語句を語群より選び解答欄に記入しなさい。

CUS®色相環上の1Yと13Vは（ A ）の関係にある。1Yを見続けると13Vの補色残像が見られるという（ B ）の関係でもある。同様に19Rを見続けると見える補色残像は（ C ）で、この組み合わせは身近によく見られる配色である。この2色がともにvvの色調で、なおかつ明度が近い場合は（ D ）により文字や柄などが見えにくいこともある。そこで配色を考える場合にはどちらか1色の明度や彩度を変えてバランスをとる方法がある。cl－3YGとdk－3YGの配色は（ E ）によって（ F ）が変化して見える。vv－3YGとlg－3YGの配色は（ G ）によって（ H ）が変化して見える。これらは、複数の色が隣接したときに、それらの色の違いが強調されて互いの色の見え方が離れて感じられる（ I ）現象である。Gy2の服を着て写真を撮る場合、本来よりも服を明るく見せるにはスタジオの背景色を（ J ）などのGy2よりも明度の低い色にすると良い。

A ①同系 ②類系 ③中間系 ④補色

B ①物理補色 ②心理補色 ③感情性 ④順応性

C ①1Y ②5G ③7BG ④11B

D ①同調 ②同化 ③補色対比 ④同系色調

E ①色相対比 ②明度対比 ③彩度対比 ④補色対比

F ①色み ②色の明るさ ③色の強さ ④色の鮮やかさ

G ①色相対比 ②明度対比 ③彩度対比 ④補色対比

H ①色み ②色の鮮やかさ ③色の暗さ ④色の種類

I ①対比 ②同化 ③反射 ④分離

J ①Wt ②pl－1Y ③Gy1 ④dk－19R

模試2 問10

次の配色の答えとして最も適切なものを選び解答欄に記入しなさい。

A 同じアンダートーンでコントラスト配色　　vv-5G　　A

①vv-7BG　②vv-13V　③vv-17RP　④vv-3YG

B 同じアンダートーンで類系色相配色　　vv-3YG　　B

①vv-5G　②vv-7BG　③vv-2Y　④vv-24YO

C 同じアンダートーンでコントラスト配色　　vv-15P　　C

①vv-3YG　②vv-1Y　③vv-17RP　④vv-2Y

D 同じアンダートーンで類系色相配色　　vv-22RO　　D

①vv-20R　②vv-19R　③vv-2Y　④vv-7BG

E 同じアンダートーンでコントラスト配色　　vv-14V　　E

①vv-2Y　②vv-24YO　③vv-10GB　④vv-5G

模試2 問11

次の質問の答として最も適切なものを選び解答欄に記入しなさい。

A 大胆で個性的なイメージはどれか
①「アクティブ」　②「ダンディ」　③「モダン」　④「ゴージャス」

B シャープで正統派のイメージはどれか
①「モダン」　②「エレガント」　③「ゴージャス」　④「フォーマル」

C 甘く柔らかいイメージはどれか
①「ナチュラル」　②「カジュアル」　③「シンプル」　④「ロマンティック」

D 強烈で印象的なイメージはどれか
①「ダンディ」　②「ドラマティック」　③「モダン」　④「ゴージャス」

E 機能的で活動的なイメージはどれか
①「スポーティ」　②「フォーマル」　③「シンプル」　④「シック」

F メンズライクでハードなイメージはどれか
①「スポーティ」　②「ダンディ」　③「アクティブ」　④「シック」

G セクシーで魅力的なイメージはどれか
①「ロマンティック」　②「モダン」　③「ゴージャス」　④「キュート」

H 豪華で華やかなイメージはどれか
①「ドラマティック」　②「ゴージャス」　③「フォーマル」　④「ダンディ」

I ベーシックで落ち着いたイメージはどれか
①「クラシック」　②「モダン」　③「スポーティ」　④「アクティブ」

J 素朴で気取りのないイメージはどれか
①「ゴージャス」　②「モダン」　③「エレガント」　④「ナチュラル」

模試2 問12

次の文章の空欄に当てはまる語句を語群より選び解答欄に記入しなさい。

ブルーアンダートーンでホワイト系のウエディングドレスを選ぶ時は、（ A ）の色を選ぶと良い。優雅で上品な（ B ）のイメージでデザインされたドレスであれば（ C ）のような色のブーケを合わせると良い。また、イエローアンダートーンでは、ドレスの色は（ D ）を選ぶと良い。愛らしい「キュート」なイメージで、（ E ）のような色のブーケが良く似合う。

A ①オフホワイト　②ソフトホワイト　③オイスターホワイト　④アイボリー

B ①「ロマンティック」　②「クラッシック」　③「エレガント」　④「シック」

C ①cl-9GB・bt-3YG　②cl-11B・bt-13V
　　③pl-9GB・bt-1Y　④pl-11B・bt-9GB

D ①ローズベージ　②アイボリー　③ソフトホワイト　④ピュアーホワイト

E ①cl-13V・dl-1Y　②bt-17RP・pl-11B
　　③bt-21RO・cl-1Y　④vv-21RO・vv-11B

模試2 問13

次の文章の空欄に当てはまる語句を語群より選び解答欄に記入しなさい。

ディープオータムのファッションコーディネートは、陶器のような肌に合う（ A ）を使うと良い。例えば、（ B ）といった（ C ）の色を上手に着こなすと、大人の装いを演出できる。アクセサリーは（ D ）を使うと「ゴージャス」な印象になる。一方、ブリリアントウインターのコーディネートは「モダン」でシャープな感じを活かすと良い。（ E ）でインパクトのある装いができる。

A ①明るく澄んだ色　②深みのある暖かい色
　　③鮮やかな色　④エレガントでパステル系の色

B ①td−20Rやdk−3YG　②dp−19Rやvv−3YG
　　③td−11Bやvv−5G　④dl−11Bやcl−5G

C ①パステルカラー　②マルチカラー　③アクセントカラー　④アースカラー

D ①シルバー　②パール　③プラチナ　④ゴールド

E ①地味な色と無彩色　②鮮やかな色と無彩色
　　③濁色と無彩色　④パステルカラーと無彩色

模試2 問14

次の文章の空欄に当てはまる語句を語群より選び解答欄に記入しなさい。

パーソナルカラーにおいて、シーズンごとのコーディネートを考えるときには、その人のもつ髪、瞳、肌などの特徴を知っておく必要がある。もともとの肌の色を知ることで、女性の場合はファンデーションを選ぶ際にも適切な色が選べる。色白で全体にピンクを帯びた人が多く、粉っぽさを感じるのは（　A　）の人の肌である。透明感があり、黄みがかったベージュ色をした肌をもつのは（　B　）である。赤みが少なく陶器のような肌をしているのは（　C　）の人である。色白でもブルーがかったベージュの肌の人が多いのは（　D　）の肌である。このうち、pl－17RPとcl－17RPのように、（　E　）でまとめると良いのはパステルサマーの人である。

A ①ブリリアントウインター　②ブライトスプリング
　　③ディープオータム　④パステルサマー

B ①ブライトスプリング　②ディープオータム
　　③パステルサマー　④ブリリアントウインター

C ①パステルサマー　②ディープオータム
　　③ブリリアントウインター　④ブライトスプリング

D ①ディープオータム　②ブリリアントウインター
　　③パステルサマー　④ブライトスプリング

E ①明度が同じで彩度差のある反対色調配色
　　②彩度が同じで明度差のある反対色調配色
　　③同系色のグラデーション配色
　　④類系色のグラデーション配色

模試解答

PERSONAL COLOR

| 模試1 問01 | A–④　B–①　C–②　D–①　E–③ |

解説 POINT ▶ A②砥粉色は渋い黄色である。B④刈安色は刈安を細かく切って染料とした鮮やかできれいな黄色である。B③銀鼠は明度の高い灰色である。④は紺瑠璃色の説明である。E禁色の制では支子色、蘇芳色などの他に、高貴を表す紫や紅の濃色も禁色とされていた。また、禁色の淡い色は「聴色（ゆるしいろ）」として使うことを許された。

| 模試1 問02 | A–①　B–①　C–②　D–④　E–③ |

解説 POINT ▶ A③鉛の色のような青みを帯びた灰色は鉛色（なまりいろ）という。④消炭色（けしずみいろ）は暗い灰色である。B②暖かみのある浅いグレーがライトウォームグレー、③木炭のようにごく薄い紫を帯びた灰色はチャコールグレーである。D②わずかに灰みのある白は灰白色（かいはいしょく）である。E①原色のひとつで鮮やかな赤紫はマゼンタである。

| 模試1 問03 | A–②　B–④　C–④　D–③　E–② |

解説 POINT ▶ Aシャルトルーズはシャルトルーズ酒(リキュール酒)が名前の由来である。Bオリーブの実が熟す前の実の色をオリーブグリーンと呼ぶ。Cモスグリーンのモスは苔（コケ）を表わす。日本でも苔から由来する苔色という色名がある。D翡翠（ひすい）を意味する緑色はジェードグリーンである。

| 模試1 問04 | A–①　B–③　C–②　D–③　E–④ |

| 模試1 問05 | A–②　B–④　C–①　D–②　E–① |
| | F–④　G–①　H–④　I–③　J–④ |

解説 POINT ▶ 光はテレビ波やラジオ波やX線のような電磁波の一種であるが、人が眼に見える範囲を可視光線という。光は物体に当たり、反射や吸収によって色が見えるというメカニズムを知っておく必要がある。

| 模試1 問06 | A–③　B–①　C–④　D–③　E–② |

| 模試1 問07 | A–①　B–④　C–②　D–②　E–① |
| | F–④　G–③　H–③　I–①　J–② |

| 模試1 | 問08 | A-③　B-④　C-①　D-④　E-①
F-②　G-②　H-①　I-②　J-③ |

解説 POINT ▶ CUS®色調に関する問題である。この問題では、9色調の明度・彩度の関係を覚える必要がある。色調は略号で表すことが多いが、そのイメージと位置関係をしっかり覚えておけば、配色などを考える場合に容易である。

| 模試1 | 問09 | A-④　B-④　C-①　D-③　E-④ |

| 模試1 | 問10 | A-④　B-②　C-②　D-④　E-①
F-③　G-①　H-④　I-②　J-④ |

解説 POINT ▶ 三属性のうちの明度による対比と同化の問題である。明度が変化して見える現象なので、明るく・暗くなど明るさの見えの変化が起こる。明度対比は無彩色でも有彩色でもその変化は起きる。

| 模試1 | 問11 | A-①　B-③　C-①　D-②　E-② |

| 模試1 | 問12 | A-③　B-④　C-③　D-②　E-③
F-④　G-③　H-③　I-②　J-① |

解説 POINT ▶ 時代の変遷に伴い、ファッションの移り変わりもさまざまな変化があった。現代では当然のように存在するファッションも、元をたどれば意外な起源がある。ファッション史では、その流れを十分に理解しておく必要がある。Eフレデリック・シャルル・ウォルトはアトリエ経営やコレクションを開いた人物でもあるが、オート・クチュールの創始者としても有名である。

| 模試1 | 問13 | A-③　B-②　C-③　D-①　E-③ |

解説 POINT ▶ 髪の色も、パーソナルカラーを診断する上で大切な要素であるが、髪の性質はどういうものなのか。メラニン色素の量や大きさによって決まってくることや、メラニン色素の種類によっても髪の色は異なる。日本人の場合、真メラニン(ユーメラニン)の作用によって黒髪なのである。

| 模試1 | 問14 | A-③　B-①　C-②　D-③　E-②
F-①　G-③　H-②　I-④　J-① |

| 模試2　問 01 | A－④　B－①　C－③　D－②　E－③ |
| F－④　G－②　H－③　I－①　J－② |

解説　POINT ▶ **A**藍染は染料に浸す回数によって色が違ってくる。水縹（みずはなだ）は浅く染めた時の藍染の色をいう。**B**露草色は露草の花の汁で染めた鮮やかな青である。**D**七宝のひとつの色に由来する瑠璃色は冴えた青紫である。**I**卯の花色は、白い卯木の花の色が由来である。

| 模試2　問 02 | A－②　B－③　C－①　D－③　E－② |

| 模試2　問 03 | A－③　B－②　C－③　D－④　E－④ |

解説　POINT ▶ **A**①藍と紅花で染めた鮮やかな赤紫を牡丹という。**B**①は藍色、③は縹色の説明である。**C**①翡翠の緑色をジェードグリーンという。**D**①黄色顔料の色で明るい黄色を雌黄、②団栗の緑色の黄褐色を黄橡、③黄みの強い鮮やかな黄色はキャメルではなくブライトゴールデンイエローである。**E**①顔料に由来する濃い赤橙を鉛丹色、②金盞花の花のような明るい黄橙を萱草色、③茜と灰汁で染められた薄い赤橙を蘇比という。

| 模試2　問 04 | A－④　B－③　C－①　D－②　E－② |

解説　POINT ▶ **B・D**グレーや白は無彩色であるが、わずかに色みを感じる色もある。青鈍は青みのあるグレー、また、オイスターホワイトはわずかに黄みを感じる色である。

| 模試2　問 05 | A－②　B－①　C－②　D－①　E－④ |
| F－③　G－②　H－①　I－③　J－③ |

| 模試2　問 06 | A－③　B－②　C－④　D－①　E－② |
| F－②　G－③　H－②　I－④　J－① |

解説　POINT ▶ **A**色から受ける軽重感に関する心理効果である。**B**軽重感は色の三属性の中では明度の高低により生じる。**C・D**ストライプのように柄が細かいと同化が起こりやすい。ストライプの色が白であり、無彩色同士の組み合わせであることから明度による同化であることが分かる。**E**にんにくのネットも白い細線であることから明度の同化現象が起こる。**F**補色対比は、色相環で向い側の色を選択する必要がある。**G・H**補色対比は彩度が高いほど起こりやすく、選択肢の中で最も彩度が高いのはvvである。**J**色相対比は高彩度の色同士で、背景色に比べ中心の色の面積が小さいほど起こりやすい。

| 模試2 | 問07 | A-④ B-③ C-② D-① E-②

| 模試2 | 問08 | A-④ B-② C-③ D-③ E-③
F-② G-① H-③ I-④ J-①

解説 POINT ▶ CUS®表色系に関する問題である。CUS®は色を色相と色調を合わせて考え、実務的に考案された色の表示システムである。よって、同系・類系・反対などの配色調和理論や9色調の特徴を知ることが不可欠である。

| 模試2 | 問09 | A-④ B-② C-③ D-③ E-②
F-② G-③ H-② I-① J-④

| 模試2 | 問10 | A-③ B-④ C-④ D-① E-②

| 模試2 | 問11 | A-③ B-④ C-④ D-② E-①
F-② G-④ H-② I-① J-④

| 模試2 | 問12 | A-② B-③ C-② D-② E-③

解説 POINT ▶ ブルーアンダートーンで、優雅で上品な「エレガント」のイメージを意識して装うなら、ドレスはソフトホワイト、ブーケは青～紫系のパステルカラーを選ぶとイメージが伝わりやすい。イエローアンダートーンでは、アイボリーのドレスに黄、オレンジ系のブーケにすると「キュート」なイメージでまとめることができる。

| 模試2 | 問13 | A-② B-① C-④ D-④ E-②

解説 POINT ▶ 設問はディープオータムとブリリアントウインターの人のコーディネート例についてである。ディープオータムの人は深みのある暖かい色や、自然を感じさせるアースカラーが良く似合う。また、ブリリアントウインターの人は、個性的でインパクトがあるので鮮やかな色や無彩色が良く似合う。

| 模試2 | 問14 | A-④ B-① C-② D-② E-③

解説 POINT ▶ パーソナルカラーでは、各シーズンの特徴、なかでも肌の色の特徴とメイクの色を結びつけて理解する必要がある。

解答用紙

PERSONAL COLOR

第1章 〜 第4章　　208〜219ページ
第1回模擬試験　　220〜221ページ
第2回模擬試験　　222〜223ページ

第 1 章

問01 | A | B | C | D | E | F | G | H |

問02 | A | B | C |

問03 | A | B | C | D | E |

問04 | A | B | C | D | E |

問05 | A | B | C | D | E |

問06 | A | B | C | D | E | F |

問07 | A | B | C | D | E |

問08 | A | B | C | D | E | F |

問09 | A | B | C | D | E |

問10 | A | B | C |

問11 | A | B | C | D | E | F | G | H | I | J |

問12 | A | B | C | D | E |

問13	A	B	C	D	E	F	G			

問14	A	B	C	D	E

問15	A	B	C	D	E

問16	A	B	C	D	E	F	G	H	I	J

問17	A	B	C	D	E

問18	A	B	C	D	E	F

問19	A	B	C	D	E

問20	A	B	C	D	E

問21	A	B	C	D	E

問22	A	B	C	D	E

問23	A	B	C	D	E	F	G	H	I

問24	A	B	C	D	E

問25	A	B	C	D	E

解答用紙

問26	A	B	C	D	E
問27	A	B	C	D	E
問28	A	B	C
問29	A	B	C	D	E
問30	A	B	C	D	E
問31	A	B	C	D	E
問32	A	B	C	D	E	F	G	H	I	J

第 2 章

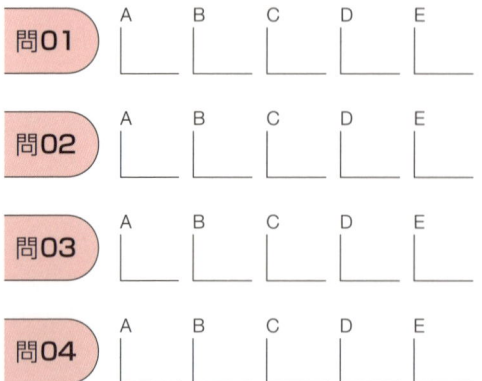

問01	A	B	C	D	E
問02	A	B	C	D	E
問03	A	B	C	D	E
問04	A	B	C	D	E

問05	A	B	C	D	E
問06	A	B	C	D	E
問07	A	B	C	D	E
問08	A	B	C	D	
問09	A	B	C	D	E
問10	A	B	C	D	
問11	A	B	C	D	E
問12	A	B	C	D	E	F	G	H	I	J
問13	A	B	C	D	E
問14	A	B	C	D	E
問15	A	B	C	D	E
問16	A	B	C	D	E
問17	A	B	C	D	

解答用紙

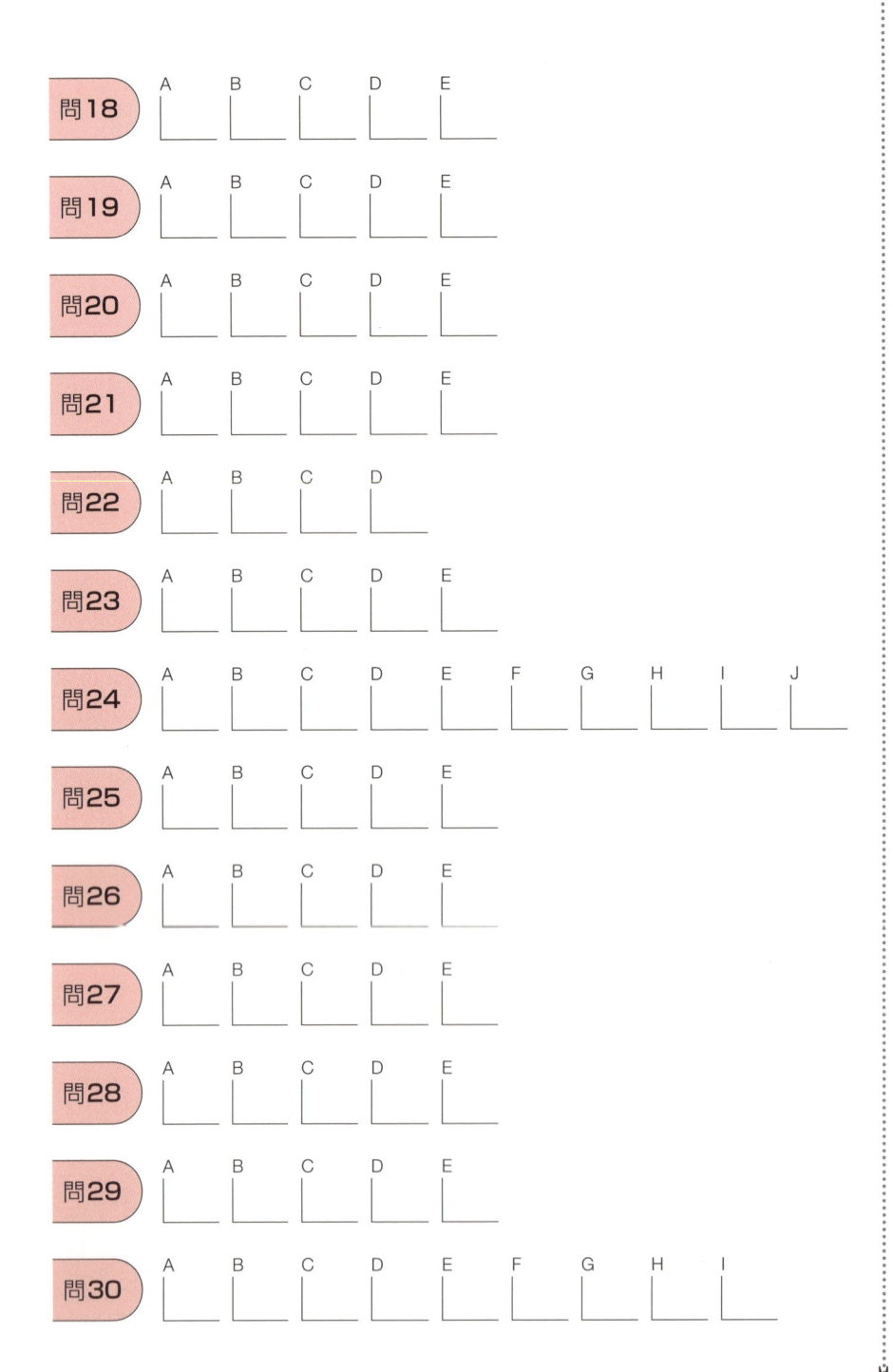

問18	A	B	C	D	E
問19	A	B	C	D	E
問20	A	B	C	D	E
問21	A	B	C	D	E
問22	A	B	C	D	
問23	A	B	C	D	E
問24	A	B	C	D	E	F	G	H	I	J
問25	A	B	C	D	E
問26	A	B	C	D	E
問27	A	B	C	D	E
問28	A	B	C	D	E
問29	A	B	C	D	E
問30	A	B	C	D	E	F	G	H	I

問31	A	B	C	D						
問32	A	B	C	D	E	F	G	H	I	J
問33	A	B	C	D	E					
問34	A	B	C	D	E					
問35	A	B	C	D	E	F	G	H	I	J
問36	A	B	C	D	E					
問37	A	B	C	D	E					
問38	A	B	C	D	E					
問39	A	B	C	D	E	F	G	H	I	J
問40	A	B	C	D	E					
問41	A	B	C	D	E					
問42	A	B	C	D	E					
問43	A	B	C	D	E					

問44 A B C D E

問45 A B C D E F G H I J

問46 A B C D E

問47 A B C D E

問48 A B C D E F G H I J

問49 A B C D E

問50 A B C D E

問51 A B C D E

問52 A B C D E

問53 A B C D E

問54 A B C D E

問55 A B C D E

問56 A B C D E

問57	A _	B _	C _	D _	E _					
問58	A _	B _	C _	D _	E _					
問59	A _	B _	C _	D _	E _					
問60	A _	B _	C _	D _						
問61	A _	B _	C _	D _	E _					
問62	A _	B _	C _	D _	E _	F _	G _	H _	I _	J _
問63	A _	B _	C _	D _	E _					
問64	A _	B _	C _	D _	E _					
問65	A _	B _	C _	D _	E _					
問66	A _	B _	C _	D _	E _					
問67	A _	B _	C _	D _	E _					
問68	A _	B _	C _	D _	E _	F _	G _	H _	I _	J _

第 3 章

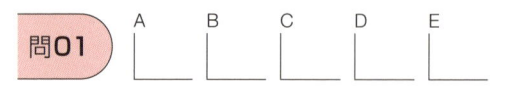

問01 A B C D E
問02 A B C D E
問03 A B C D E
問04 A B C D
問05 A B C D E
問06 A B C D E
問07 A B C D
問08 A B C D
問09 A B C D E
問10 A B C D E
問11 A B C D E
問12 A B C D

問13	A	B	C	D	E					

問14	A	B	C	D	E

問15	A	B	C	D

問16	A	B	C	D

問17	A	B	C	D	E

問18	A	B	C	D	E	F	G	H	I	J

問19	A	B	C	D	E

問20	A	B	C	D	E

問21	A	B	C	D	E

問22	A	B	C	D	E

第 4 章

問01　A　B　C　D　E

問02　A　B　C　D　E

問03　A　B　C　D　E

問04　A　B　C　D　E

問05　A　B　C　D

問06　A　B　C　D　E

問07　A　B　C　D　E

問08　A　B　C　D　E

問09　A　B　C　D　E

問10　A　B　C　D　E

問11　A　B　C　D　E

問12　A　B　C　D　E

問13	A	B	C	D	E					
問14	A	B	C	D						
問15	A	B	C	D	E					
問16	A	B	C	D	E					
問17	A	B	C	D	E					
問18	A	B	C	D	E					
問19	A	B	C	D	E	F	G	H	I	J
問20	A	B	C	D	E					
問21	A	B	C	D						
問22	A	B	C	D	E	F	G	H	I	J
問23	A	B	C	D	E	F	G	H	I	J
問24	A	B	C							

解答用紙

第1回 模擬試験 解答用紙

問01 A B C D E CHECK → /5

問02 A B C D E CHECK → /5

問03 A B C D E CHECK → /5

問04 A B C D E CHECK → /5

問05 A B C D E
F G H I J CHECK → /10

問06 A B C D E CHECK → /5

問07 A B C D E
F G H I J CHECK → /10

問08 A B C D E
F G H I J CHECK → /10

問09	A	B	C	D	E		
						CHECK →	/5

問10	A	B	C	D	E
	F	G	H	I	J

CHECK → /10

問11	A	B	C	D	E		
						CHECK →	/5

問12	A	B	C	D	E
	F	G	H	I	J

CHECK → /10

問13	A	B	C	D	E		
						CHECK →	/5

問14	A	B	C	D	E
	F	G	H	I	J

CHECK → /10

合計点数 CHECK → /100

解答用紙

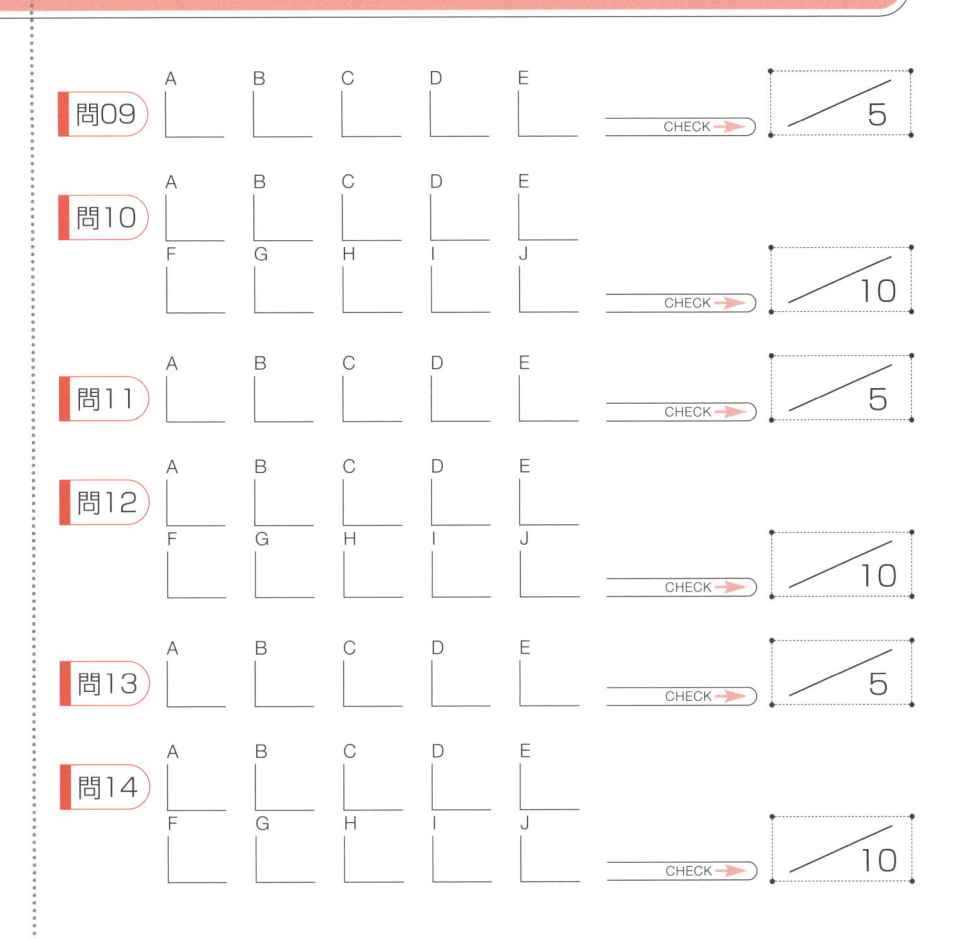

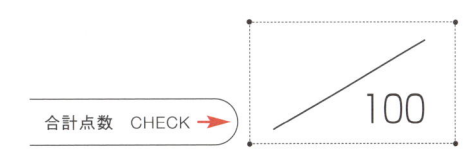

第1回模擬試験 ● 解答用紙

第 2 回 模擬試験 解答用紙

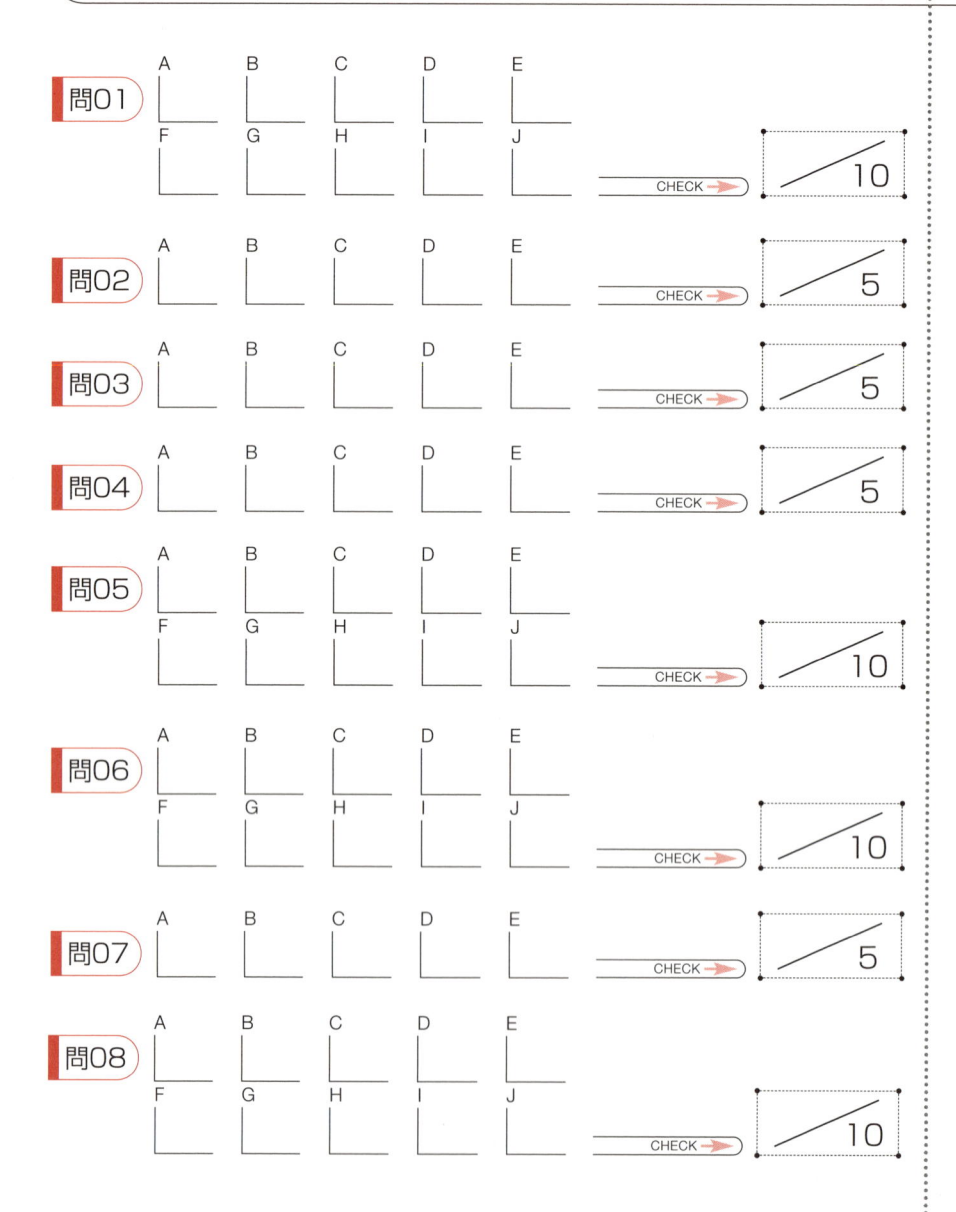

問01

A	B	C	D	E

F	G	H	I	J

CHECK → /10

問02

A	B	C	D	E

CHECK → /5

問03

A	B	C	D	E

CHECK → /5

問04

A	B	C	D	E

CHECK → /5

問05

A	B	C	D	E

F	G	H	I	J

CHECK → /10

問06

A	B	C	D	E

F	G	H	I	J

CHECK → /10

問07

A	B	C	D	E

CHECK → /5

問08

A	B	C	D	E

F	G	H	I	J

CHECK → /10

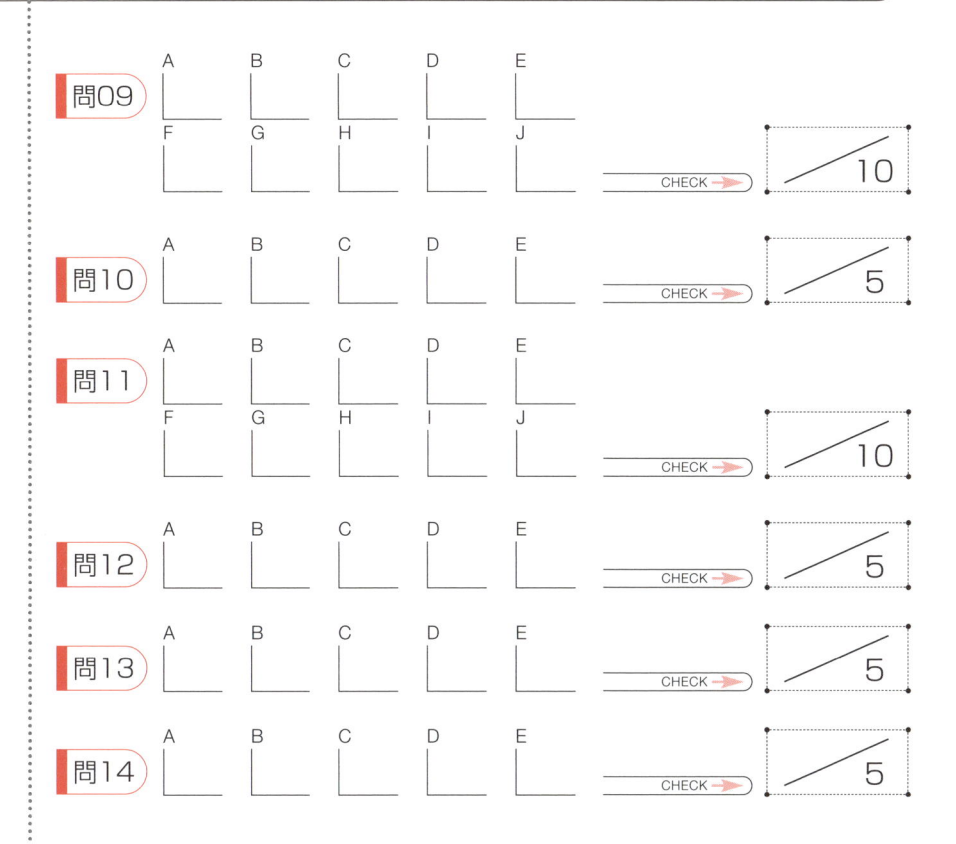

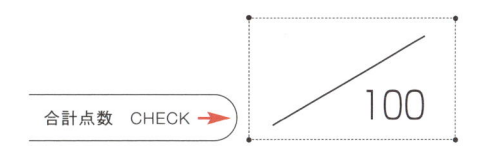

問09
A　B　C　D　E
F　G　H　I　J

CHECK → /10

問10
A　B　C　D　E

CHECK → /5

問11
A　B　C　D　E
F　G　H　I　J

CHECK → /10

問12
A　B　C　D　E

CHECK → /5

問13
A　B　C　D　E

CHECK → /5

問14
A　B　C　D　E

CHECK → /5

合計点数　CHECK → /100

※この『パーソナルカラリスト検定3級問題集』は、2012年度より名称変更された「パーソナルカラリスト検定」にともない、タイトルを改称しました。
※平成27年4月1日より、検定を主催している協会の名称が「日本パーソナルカラリスト協会」から「日本カラリスト協会」に変更されたため、本書の第4刷より、記載されている協会名を変更しました。

Art Director, Designer : ASAMI KATO

パーソナルカラリスト検定3級問題集

2012年7月1日　発　行　　　　　　　　　　　　NDC757.3
2021年3月5日　第8刷

編著者　色彩文化対策プロジェクト
発行者　小川雄一
発行所　株式会社 誠文堂新光社
　　　　〒113-0033 東京都文京区本郷3-3-11
　　　　[編集] 電話 03-5800-5779
　　　　[販売] 電話 03-5800-5780
　　　　https://www.seibundo-shinkosha.net/
印刷所　広研印刷 株式会社
製本所　和光堂 株式会社

©2012, 色彩対策プロジェクト
Printed in Japan
検印省略
本書記載の記事の無断転用を禁じます。
万一落丁・乱丁本の場合はお取り替えいたします。

本書に掲載された記事の著作権は著者に帰属します。これらを無断で使用し、展示・販売・レンタル・講習会等を行うことを禁じます。
本書のコピー、スキャン、デジタル化等の無断複製は、著作権法上での例外を除き、禁じられています。本書を代行業者等の第三者に依頼してスキャンやデジタル化することは、たとえ個人や家庭内での利用であっても著作権法上認められません。

|JCOPY|〈(一社) 出版者著作権管理機構　委託出版物〉
本書を無断で複製複写（コピー）することは、著作権法上での例外を除き、禁じられています。本書をコピーされる場合は、そのつど事前に（一社）出版者著作権管理機構（電話 03-5244-5088／FAX 03-5244-5089／e-mail : info@jcopy.or.jp）の許諾を得てください。

ISBN978-4-416-81285-3